collection XVIIIe siècle
dirigée par Henri Coulet

LAHONTAN

Dialogues de Monsieur le baron de Lahontan et d'un Sauvage dans l'Amérique

Édition présentée, établie et annotée
par Henri COULET

Ouvrage publié avec le concours
du Centre National des Lettres

LES ÉDITIONS DESJONQUÈRES

L'édition de 1703 a servi à l'établissement du présent texte.

35, rue de Turbigo
75003 PARIS

PRÉSENTATION

Fils d'un gentilhomme ruiné du Béarn, dépossédé lui-même de ses fiefs à la suite de querelles de famille, Louis-Armand de Lom d'Arce, baron de Lahontan, né en 1666, partit pour le Canada en août 1683, à l'âge de dix-sept ans, avec les troupes de la Marine qu'on envoyait pour faire la guerre aux Iroquois. Les expéditions militaires, les explorations, la chasse, la vie au contact des Amérindiens, la connaissance, au moins pratique, qu'il acquit de la langue algonquine et de quelques éléments de la langue huronne, les responsabilités qu'il exerça, tout cela le familiarisa avec les réalités canadiennes ; il put ainsi juger et condamner les méthodes françaises de colonisation ; il critiqua la cupidité et l'incompétence des gouverneurs (la province était dirigée par un gouverneur général et un intendant), les intrigues et l'intolérance des Jésuites, l'emprise du pouvoir ecclésiastique sur l'administration. Le Canada relevait de l'autorité royale, particulièrement du ministère de la Marine, et l'on ignorait à Versailles non seulement les conditions d'une bonne gestion coloniale, mais encore les ressources de ce pays lointain, son importance économique et stratégique. Frontenac, nommé de nouveau gouverneur général de la Nouvelle France en 1689 (il l'avait déjà été de 1672 à 1682, mais avait été révoqué parce qu'il s'opposait aux directives de la Cour) partageait en partie les idées de Lahontan sur l'expansion commerciale de la France au Canada, sur les mesures de défense à prendre contre les Iroquois et les Anglais, et sur l'aide à demander aux Hurons. En 1692, il chargea Lahontan de présenter au ministre de la Marine Pontchartrain un projet de fortifications qui aurait protégé la colonie contre les incursions des Iroquois. Le projet fut rejeté. Lahontan en voulait déjà à Pontchartrain, il eut un motif de plus de le haïr. Au début de 1691 Pontchartrain avait refusé sa démission, l'avait laissé attendre vainement des bureaux un nouvel emploi, ne lui avait pas permis de se défendre comme il l'aurait voulu dans son procès d'héritage. Lahontan finit par voir en « Messieurs de Pontchartrain père et fils » (le fils, comte de Maurepas, fut secrétaire d'Etat en 1693 et succéda en 1699 à son père au ministère de la Marine) le symbole de tous les vices de l'absolutisme, arbitraire, mépris pour les solliciteurs, méconnaissance des services rendus, etc.

Il garda cependant pour lui son opinion sur la politique française au Canada et ne publia qu'en 1702, quand il vivait en exil, des textes qu'il avait préparés et commencé à rédiger pendant son séjour dans la colonie. A son retour de France, en juin 1693, il remplit l'office de lieutenant du roi à Terre-Neuve, mais ne tarda pas à se heurter au gouverneur de l'île, J.-F. de Mombeton de Brouillan. Accusé auprès de Pontchartain, menacé de destitution et d'emprisonnement, Lahontan s'enfuit de Terre-Neuve le 14 décembre 1693 et se fit débarquer au Portugal. Du Portugal, il passa en Hollande, puis au Danemark par Hambourg et Lübeck, revint en Hollande et regagna Paris en décembre 1694. Appuyé par Bonrepaus, ambassadeur de France à Copenhague, il essaya de se faire recevoir par Pontchartrain, qui refusa de l'entendre. Il revint alors dans son Béarn natal, y séjourna quelques mois, apprit qu'il était décrété d'arrestation, se réfugia en Espagne, puis au Portugal. Sur la recommandation de Bonrepaus, devenu ambassadeur à La Haye, la France l'employa comme espion en Espagne, puis en Hollande au cours des années 1698-1702. C'est en Hollande, à La Haye, chez les frères L'Honoré, qu'il fit éditer ses *Nouveaux Voyages* et ses *Mémoires* sur le Canada. Quand ils parurent, en novembre 1702, Lahontan était à Londres. Il resta en Angleterre peut-être jusqu'en 1705 ; d'abord suspect de se livrer à l'espionnage, il essaya ensuite de mettre au service des Anglais sa connaissance du Canada. Bien qu'il ait apprécié le régime politique de l'Angleterre et qu'il ait rédigé dans ce pays ses *Dialogues,* qui constituèrent avec ses *Voyages de Portugal et de Danemark* le troisième volume de ses oeuvres, paru dans l'été 1703, il dut une fois de plus plier bagage et chercher un asile. Il voyagea en Allemagne, passa à Hambourg, résida à Berlin, et s'attacha finalement à la Cour de Hanovre, où il fit partie de la suite du prince électeur et fut protégé par l'électrice Sophie. Il avait lié amitié avec Leibniz, qui l'estimait. Il mourut dans le Hanovre le 21 avril 1716.

Errant, persécuté, déchiré entre la nostalgie de la liberté qu'il avait connue chez les sauvages et le désir de rentrer en grâce auprès du roi de France (il tenta encore en 1707, par l'entremise de l'électrice Sophie, de se concilier Pontchartrain le fils, et il échoua une fois encore), vivant de gratifications et de pensions, Lahontan n'est pourtant pas une épave sociale, un parasite comme celui que peindra Diderot dans *Le Neveu de Rameau* : il est reçu à l'étranger chez les très grands, il a des amis et des appuis en France même, il plaît par son esprit et sa conversation, il intéresse par ses connaissances, on commente ses propos et ses livres sur le Canada. Il ne renia jamais ni sa nationalité, ni sa religion, bien qu'il ne fût ni croyant sincère, ni patriote (mais la notion de patriotisme était alors mal établie). Il connut les mouvements d'idées qui agitaient l'Europe et les Français exilés en Angleterre, en Allemagne, en Hollande, jansénistes, protestants ou « libertins », sans avoir lui-même fait partie de ces groupes d'expatriés revendicatifs et besogneux, souvent mal vus par les habitants des pays qui leur offraient un refuge. Sa pensée personnelle, une des premières expressions de ce qu'on appelle, de façon aussi commode qu'imprécise, la philosophie des Lumières, s'est fortifiée par sa fréquentation des intellectuels européens pendant ses années d'exil, mais elle s'était formée de ses lectures (le bilan n'en a pas encore été fait : on peut citer au moins Homère, Platon, Aristote, Lucien, Lucrèce, Sénèque, Cornelius Agrippa, Rabelais, Montaigne, Descartes, sans doute les romanciers utopistes du XVIIIe siècle Denis Veiras et Gabriel de Foigny) et de son expérience canadienne.

L'œuvre de Lahontan tient en trois volumes. Les deux premiers, publiés ensemble à La Haye sous la date de 1703, en réalité novembre 1702 (il était usuel de dater de l'année suivante les livres publiés à la fin d'une année), sont, d'une part, les *Nouveaux Voyages de Mr le baron de Lahontan dans l'Amérique septentrionale, qui contiennent une relation des différents Peuples qui y habitent ; la nature de leur Gouvernement ; leur Commerce, leurs Coutumes, leur Religion, et leur manière de faire la Guerre.*

L'intérêt des Français et des Anglais dans le Commerce qu'ils font avec ces Nations ; l'avantage que l'Angleterre peut retirer dans ce Pays, étant en Guerre avec la France. Le tout enrichi de Cartes et de Figures. Tome premier ; d'autre part les *Mémoires de l'Amérique septentrionale, ou la Suite des Voyages de Mr le baron de Lahontan, Qui contiennent la Description d'une grande étendue de Pays de ce Continent, l'intérêt des Français et des Anglais, leurs Commerces, leurs Navigations, les Moeurs et les Coutumes des Sauvages etc. Avec un petit Dictionnaire de la Langue du Pays. Le tout enrichi de Cartes et de Figures. Tome second.*

Le troisième volume, paru à Amsterdam chez la veuve de Boeteman sous la date de 1704, en réalité dans les derniers mois de 1703, avait pour titre : *Suite du Voyage de l'Amérique, ou Dialogues de Monsieur le baron de Lahontan et d'un Sauvage, dans l'Amérique . Contenant une description exacte des moeurs et des coutumes de ces Peuples Sauvages . Avec les Voyages du même en Portugal et en Danemark, dans lesquels on trouve des particularités très curieuses, et qu'on n'avait point encore remarquées. Le tout enrichi de Cartes et de Figures* . Un autre tirage, publié avec la date de 1703 à La Haye chez les frères L'Honoré, avait un titre différent : *Supplément aux Voyages du baron de Lahontan, Où l'on trouve des Dialogues curieux entre l'Auteur et un Sauvage de bon sens qui a voyagé* [etc.]

Les *Nouveaux Voyages* (nouveaux par rapport à des relations antérieures publiées par d'autres voyageurs) sont une série de vingt-cinq lettres échelonnées du 8 novembre 1683 au 31 janvier 1694, adressées à un parent de l'auteur ; les descriptions topographiques et les renseignements ethnologiques y alternent avec le récit des actions auxquelles Lahontan a participé, des événements auxquels il a assisté, et avec l'exposé de ses affaires personnelles. Mis au point plusieurs années après la période dont ils rendent compte, ces textes ont pourtant dû recevoir leur première forme aux dates qui leur sont attribuées. Ils racontent une expérience acquise pour ainsi dire au jour le jour, la découverte des problèmes que posent les rapports du civilisé avec les sauvages dans un univers totalement différent de celui où il a appris à penser ; soldat, Lahontan doit combattre des ennemis dans un pays qui leur est familier et où tout les aide ; explorateur, il doit surmonter les difficultés de communication matérielle et intellectuelle avec des peuples inconnus ; exécutant les ordres des supérieurs, il en mesure les maladresses. Les *Mémoires* font de façon systématique le bilan de l'expérience acquise : géographie du Canada, tableau des populations, animaux divers, oiseaux, insectes, poissons, arbres et fruits, commerce et gouvernement des Européens, mode de vie, croyances, amours, hygiène, chasse et guerre des Sauvages sont successivement étudiés. Ces deux ouvrages qui n'en font qu'un (l'index qui termine le second tome concerne les *Nouveaux Voyages* aussi bien que les *Mémoires*) sont d'un homme qui espère pouvoir être entendu et employé selon une compétence dont le premier tome raconte l'acquisition et dont le second expose l'étendue. La critique y est vive et le ressentiment s'y fait parfois entendre : quand Lahontan se décida à les publier, il en aiguisa sans doute le mordant. Mais même sous leur forme définitive, la seule connue, et malgré l'annonce, dans le titre du premier tome, de « l'avantage que l'Angleterre peut retirer » du Canada, ce ne sont pas des livres écrits contre la France ni en faveur de ses ennemis ; ils contiennent des leçons d'autant plus dures que l'auteur aurait préféré les mettre en pratique au moment propice plutôt que de les prononcer quand il n'était plus temps. Dans la préface qu'ils ont placée en tête du premier volume, les éditeurs de La Haye, disent probablement la vérité : « Depuis plus d'un an le Gentilhomme à qui l'on a comme arraché ses Mémoires les avait tout prêts. Mais il espérait que Sa Majesté Très-Chrétienne, mieux informée des choses, rendrait justice à l'innocence d'un Officier qui a eu l'honneur de la bien servir au Canada, et qu'elle avait eu même la bonté de récompenser d'un emploi de distinction. Ce Cavalier a tenté toutes les voies légitimes pour se justifier : il a eu le malheur de n'y pouvoir réussir. Son ennemi, soutenu de quelques appuis qu'on ne veut point désigner, pour épargner la réputation d'un homme qui occupe l'un des premiers postes dans le Ministère de France[1], l'a noirci si cruellement et si honteusement, que l'Auteur a perdu toute espérance de faire valoir son bon droit pendant ce Règne-ci. C'est ce qui l'a rendu plus traitable pour communiquer ces lettres qu'il n'a pourtant laissé aller qu'avec une extrême répugnance. Le plus pressant motif qui l'a fait résoudre, a été celui de son honneur. Se voyant absolument ruiné dans l'esprit de son Maître, il a cru ne pouvoir mieux faire que de se disculper aux yeux du public, c'est une consolation fort naturelle pour tous les honnêtes gens »[2].

Le troisième volume est plus composite, et les *Dialogues,* qui seuls nous intéressent ici, sont tout autre chose que les *Nouveaux Voyages* et les *Mémoires.* Dans ces textes, c'était l'officier colonial, l'homme d'action qui examinait d'un point de vue pratique la conduite à tenir sur un territoire conquis. Dans les *Dialogues,* c'est un philosophe à l'esprit satirique qui discute de questions posées à la conscience européenne en état de crise[3]. Lahontan prétend les avoir rédigés avec l'aide de Frontenac, en 1688 ou 1689, à partir de conversations qu'il aurait réellement eues avec le chef huron Kondarionk. La collaboration de Frontenac est peu probable[4], mais on peut croire qu'en effet Lahontan a souvent conversé avec des Amérindiens et avec Kondarionk lui-même, pour essayer de comprendre leur mode d'intelligence et pour mettre à l'épreuve ses propres idées, et qu'il a fait part à Frontenac de ses réflexions. La rédaction effective des *Dialogues* n'est venue que plus tard, peut-être après que Lahontan eut quitté définitivement le Canada et à une époque où il ne pouvait espérer vivre qu'en Europe. Les *Nouveaux Voyages* et les *Mémoires* ont pour objet la connaissance et l'exploitation du Canada ; les *Dialogues* ont pour objet la critique de la pensée, des croyances, des usages européens, et français plus particulièrement ; la référence au Canada n'est plus qu'un prétexte, une hypothèse théorique qui sert par opposition à faire ressortir la vérité sur la civilisation et sur la France. Certes, à la différence de ceux qui ne sont pas sortis de France ou des frontières de l'Europe civilisée, Lahontan a une expérience existentielle de l'*autre*, du non-européen, du non-civilisé, mais cette expérience ne lui avait servi, pendant son séjour au Canada, qu'à assurer la sécurité et la suprématie du *même*, de l'Européen civilisé qu'il était, quelle que fût sa dissidence. Elle lui sert désormais à mettre en question la légitimité du *même*, et pour ce faire il n'hésite pas, lorsque son argumentation y gagne en agressivité, à déformer la vérité de l'*autre*. Lire dans les *Dialogues* un témoignage sur les réalités canadiennes et discuter de la véracité de ce témoignage, c'est se tromper sur les intentions de l'auteur et sur la nature de l'œuvre.

On s'y est longtemps trompé et l'on s'y trompe parfois encore. Lahontan a favorisé lui-même l'erreur, en présentant les *Dialogues* comme une *Suite du Voyage* et en annonçant qu'ils répondaient aux vœux de certains lecteurs, qui souhaitaient « une plus ample Relation des mœurs et coutumes des Peuples, auxquels nous avons donné le nom de Sauvages ». Une même matière est utilisée dans les deux premiers ouvrages et dans le troisième, mais dans un dessein différent, et les déformations qu'elle y subit ont un sens différent. Malheureusement la sincérité et la véracité de Lahontan ont été mises en doute et pour les *Nouveaux Voyages* et les *Mémoires,* et pour les *Dialogues,* les doutes soulevés par les uns et par les autres s'étant réciproquement renforcés. On soupçonna Lahontan d'avoir inventé de toutes pièces l'expédition à la Rivière longue qui est racontée dans la lettre XVI des *Nouveaux Voyages* et l'ensemble de son témoignage sur le Canada fut tenu pour peu digne de foi ; on lut dans le chapitre des *Mémoires* intitulé « Croyance des Sauvages et les obstacles à leur conversion » un condensé de toutes les thèses libertines contre la religion chrétienne et l'on accusa l'auteur de n'avoir exprimé que ses propres idées, et non celles des Sauvages, surtout lorsqu'on put voir ce même chef huron dont les propos étaient résumés dans le chapitre des *Mémoires* devenir dans les *Dialogues* l'interlocuteur triomphant d'un Lahontan sans défense. Ce qui aggrava encore la défiance fut la confusion fréquente entre les textes authentiques de Lahontan et la « réécriture » qu'en fit en 1705 le moine défroqué Gueudeville et dans laquelle, comme le note Réal Ouellet, « l'allusion et le sous-entendu, si fréquents chez Lahontan, font place directe à la dénonciation »[5]. Gueudeville est un pamphlétaire qui invite à la révolte contre l'intolérance politique et religieuse ; Lahontan est à la fois plus prudent et plus subtil dans la discussion des idées. Il désavoua la « seconde édition augmentée et corrigée » de ses œuvres.

On pense maintenant que les écrits de Lahontan sur le Canada sont des documents fiables ; les erreurs et les déformations qu'on peut y relever sont celles que devait inévitablement commettre un Européen de cette époque où l'ethnologie n'était pas née ; l'expédition à la Rivière longue est de moins en moins mise en doute, on admet que Lahontan est allé jusqu'à la rivière Minnesota et chez les Sioux Dakotas. Les relations d'autres voyageurs confirment la croyance des Sauvages à un Etre suprême ou du moins à un pouvoir créateur qu'un chrétien d'Europe pouvait assimiler à Dieu, leur idée de l'immortalité de l'âme et leur aptitude à discuter avec ceux qui voulaient les convertir et à leur tenir tête. Lahontan a certainement mis de la malice à présenter les croyances religieuses des Sauvages comme un catéchisme de la libre pensée, dans les *Mémoires,* mais il s'y est cru autorisé par ce qu'il apercevait de ces croyances et par la nécessité de les transcrire en termes compréhensibles pour ses lecteurs. Il s'en justifie dans la Préface de la *Suite du Voyage* : « Le Lecteur est prié de ne pas trouver mauvais que les pensées des Sauvages soient habillées à l'Européenne ; c'est la faute du parent à qui j'écrivais, car ce bon homme ayant tourné en ridicule la Harangue métaphorique de la *Grand-Gula,* il me pria de ne plus traduire à la lettre un langage si rempli de fictions et d'hyperboles sauvages ; c'est ce qui fait que tous les raisonnements de ces Peuples paraîtront ici selon la diction et le style des Européens ; car ayant obéi à mon Parent je me suis contenté de garder les copies de ce que je lui écrivais, pendant que j'étais dans le Pays des Philosophes nus »[6]. S'il ne faut évidemment pas prendre ces déclarations à la lettre, elles reposent néanmoins sur la conviction que les mœurs et les croyances des Sauvages sont conformes à une réalité anthropologique que le philosophe civilisé doit rejoindre par les moyens qui lui sont propres, et sur laquelle il doit en tous cas méditer.

Les *Dialogues* font servir à une fin polémique les données réunies dans les *Nouveaux Voyages* et les *Mémoires* à une fin documentaire. Il suffit de reconnaître cette différence pour rendre aux *Dialogues* toute leur portée, au lieu de reprocher à Lahontan sa mauvaise foi et sa falsification de la réalité canadienne. Bien peu ont accepté cette distinction au XVIIIe siècle, et pourtant elle avait été faite en 1776 par un certain Samuel Engel, dans l'article « Amérique » du *Supplément à l'Encyclopédie* : « Personne ne croira que l'Adario du baron de Lahontan ait été un homme en chair et en os : on voit évidemment que c'est lui-même : mais la relation du voyage ne doit pas être moins authentique, n'étant pas de même nature que ses dialogues » ; et, comprenant que la rédaction des *Dialogues* s'était faite dans d'autres circonstances que celle des *Nouveaux Voyages* et des *Mémoires,* Engel ajoutait : « Ayant eu le malheur de déplaire au ministre sa disgrâce [de Lahontan] aura pu influer sur son ouvrage, de même que ses sentiments trop libres et peu religieux »[7].

Les indices de déformation volontaire sont nombreux, qui invitent le lecteur à prendre ses distances par rapport au texte. D'abord le fait que la *Suite du Voyage* ait été publiée un an après les deux premiers volumes et n'ait pas été désignée comme le volume III. Ensuite le personnage même d'Adario, l'interlocuteur de Lahontan : ce serait, selon l'Avis de l'Auteur au Lecteur, « un certain Huron à qui les Français ont donné le nom de *Rat* ». Ce Huron a existé en effet, il se nommait Kondiaronk, il était plusieurs fois question de lui dans les *Nouveaux Voyages*, et les *Mémoires* rapportaient sa critique du mot de saint Matthieu : *multi vocati, pauci vero electi* (cette critique se retrouve dans les *Dialogues*) et son étonnement de ce que les hommes fissent la guerre aux hommes, « moins naturels en cela que les bêtes », puisque les chiens ne faisaient pas la guerre aux chiens. Déjà Lahontan le nommait Adario, donnant à son nom une forme plus acceptable à des oreilles françaises. Mais cet Adario, ou Kondiaronk, n'était jamais venu en France, semble-t-il, et il est peu probable qu'il ait pu connaître par lui-même les mœurs de la ville et de la cour, la galanterie des Français, leur civilité, la servilité des courtisans, les modes vestimentaires, etc., ni lire les Fables d'Esope, comme il prétend l'avoir fait. Kondiaronk mourut d'ailleurs en 1701 à soixante-dix ans, et Lahontan donne trente-cinq ans à Adario[8]. Quelques petites contradictions dans ses propos sont moins des inadvertances de l'auteur que des signes de connivence à l'adresse du lecteur : si Adario a lu Esope, il se félicite pourtant de ne savoir ni lire ni écrire, quand il voit à quoi servent la lecture et l'écriture chez les civilisés ; les vieillards hurons sont, selon lui, vigoureux jusqu'à un âge très avancé, mais il leur attribue une page plus loin « une si molle indolence, qu'ils ne sortent de leur cabane que lorsque le feu s'y met » ; il blâme les Français de ne pas suivre les conseils de leurs pères, mais il justifie une jeune Huronne d'avoir reproché à son père, qui voulait la marier contre son gré, de « s'exposer à donner des conseils aux personnes dont il pourrait en recevoir » ; un jeune Huron peut épouser une esclave qui, dit Adario, « est faite comme une femme libre », mais la condition d'esclave est si affreuse qu'il vaut mieux courir jour et nuit sans manger plutôt que d'être pris par l'ennemi et réduit en esclavage. La possession d'esclaves est d'ailleurs ce qui permet aux Hurons cette existence heureuse, facile et sans souci vantée par Adario, qui ne songe pas à dénoncer dans l'esclavage un déni du droit de l'homme à la liberté et à l'égalité, ni dans la guerre, par laquelle on acquiert des esclaves, une brutalité contraire à la nature même : c'est à ses yeux une des activités par lesquelles on est vraiment un homme. L'image de la vie sauvage se ploie donc aux nécessités de l'argumentation, à la mise en accusation de la vie civilisée.

Adario est le porte-parole de Lahontan, personne ne croira le contraire, comme le notait Samuel Engel. Ajoutons deux détails qui passent inaperçus aux lecteurs de notre époque, mais dont les lecteurs contemporains de Lahontan ont dû goûter la saveur : le premier est le point 5 de la religion des sauvages, telle que la formule Adario, où il commence par énoncer, en un alexandrin, « que la vie est un songe et la mort un réveil » – citation identifiable ou parodie[9] ? Le second détail est celui-ci : pour prouver l'excellente complexion naturelle des sauvages, Adario énumère les types d'infirmes qu'on ne voit « quasi jamais » dans son peuple, et parmi ces infirmes les borgnes ont droit à une invective particulière : « Quand ces derniers viennent au monde c'est un présage assuré de malheur à la nation, comme nous l'avons souvent observé. Tout borgne n'eut jamais d'esprit, ni de droiture de coeur. Au reste, malicieux, paillard, et paresseux au dernier point [etc...] »[10]. Les lecteurs de 1703 avaient certainement compris : Pontchartrain, détesté de Lahontan, était borgne, un affreux cyclope, selon Saint-Simon.

Mais le lieu le plus évident de l'ironie est le rôle confié à Lahontan interlocuteur : raisonnements boiteux, contre-vérités, justifications en réalité accablantes pour la civilisation qu'il prétend défendre, naïvetés, dérobades (« je te renvoie aux Jésuites », « les Jésuites te distingueront [ces questions] mieux que moi »), concessions ruineuses, tout fait de ce pseudo-Lahontan l'avocat le plus malencontreux de la cause dont il se charge. L'auteur s'est évidemment souvenu, en s'affublant de ce personnage, du Jésuite que faisait parler Pascal dans les *Provinciales* et du père Canaye que Saint-Evremond avait fait raisonner dans son *Entretien du père Canaye et du maréchal d'Hocquincourt* ; il a aussi dessiné d'avance quelques traits du Pangloss de Voltaire (*Candide*) et de l'aumônier de Diderot (*Supplément au Voyage de Bougainville*) : en un mot, les *Dialogues* de Lahontan sont un des premiers exemples de ce que seront les dialogues philosophiques à la belle époque des Lumières. Ils font du lecteur le complice d'une pensée contestataire, ils invitent son esprit à une démarche hardie et libératrice.

Les thèmes traités, ou paradoxalement discutés, par Lahontan n'étaient pas nouveaux. On les trouvait dans les manuscrits clandestins diffusés en France et à l'étranger, ils étaient à l'étude chez les philosophes anglais dont quelques années plus tard Voltaire et Montesquieu s'inspireront. Lahontan est encore cartésien (quand il fait faire, de façon inattendue, l'éloge des mathématiques par Adario ou quand il lui fait déclarer que notre raison ne nous a pas été donnée pour dissiper les mystères de l'au-delà), et sa morale est celle d'un Fontenelle, non pas encore celle d'un Voltaire ou d'un Diderot, quand il fait l'éloge de la tranquillité de l'âme et invite l'homme (toujours par la voix d'Adario) à ne pas être l'esclave de ses passions : thèmes stoïciens, alors que les philosophes des Lumières mettront le bonheur dans l'activité et affirmeront l'utilité des passions. Mais sur la religion, sur la tolérance, sur la justice, sur l'égalité des hommes, sur la liberté, sur la propriété et sur l'argent, il ramasse toutes les réflexions critiques que développeront Voltaire, Montesquieu, Diderot, Rousseau, d'Holbach : que la raison seule doit décider de ce que l'homme doit croire ; que les dogmes du christianisme sont incroyables, « improbables », comme il dit ; qu'on ne peut concevoir que Dieu se soit fait homme, et homme misérable, ni qu'il se soit lui-même condamné à mort dans son fils ; que la tradition des livres saints est incertaine, qu'ils n'ont pas pu ne pas subir d'altérations à travers les siècles ; que si Dieu avait réellement parlé, il aurait parlé de façon intelligible à tous les hommes de toutes les nations ; que les chrétiens ne mettent pas en pratique la charité qui leur est ordonnée ; que tout le mal de la société vient du *tien* et du *mien,* dont découlent la cupidité, l'ambition, l'injustice, l'inégalité, la guerre ; que la civilisation est à l'opposé de la nature, et notamment en matière d'amour et de mariage : On sait que les préjugés concernant la vie sexuelle sont parmi ceux qu'a le plus souvent attaqués le « libertinage » philosophique. A l'aube des Lumières, Lahontan, dans ses *Dialogues*, inaugure avec vigueur et avec esprit le combat que le siècle va livrer dans tous les domaines, religion, politique, justice, comportement social.

La vie sauvage n'est pas un modèle : Lahontan ne songe pas plus à se faire huron, à quoi l'invite Adario, qu'Adario à se faire français, comme Lahontan le lui propose. Liberté, égalité, justice, tolérance, ces valeurs ne prennent toute leur importance que dans un monde où elles ne sont pas reconnues ; le civilisé, pour en percevoir l'absence et le besoin, doit se forger l'idée d'un monde où elles seraient naturelles. En un sens, l'univers sauvage d'Adario est une utopie. Le génie de Lahontan est d'avoir su rêver à partir de ce qu'il avait vécu, et d'avoir fait servir son ressentiment personnel comme son expérience coloniale à une compréhension philosophique, critique et ironique des réalités que ses contemporains cherchaient à se déguiser.

L'influence de Lahontan, et en particulier des *Dialogues*, fut bien plus grande que ne le laisserait croire le mutisme ou la défiance de ses héritiers. Il a été beaucoup plus lu qu'il n'a été cité ; les auteurs d'ouvrages et d'articles sur le Canada l'ont utilisé en le dénigrant ; Delisle de la Drevetière lui a emprunté plusieurs détails et son thème général pour sa comédie d'*Arlequin sauvage* (1721) ; Joubert de la Rue en 1738, Maubert de Gouvest en 1752, l'un dans les *Lettres d'un sauvage dépaysé*, l'autre dans les *Lettres iroquoises*, feront faire à son exemple le procès de la religion, des institutions et des mœurs européennes par un sauvage américain (mais leur sauvage est en Europe, alors que celui de Lahontan réagit devant un étranger venu perturber son pays) ; il y a sans doute des souvenirs d'Adario dans l'Ingénu de Voltaire, et Rousseau, sans le nommer, a médité sur ce que Lahontan a dit du *tien* et du *mien*, il a surtout, sans doute, été sensible à la vigueur et à la cohérence de la dénonciation ; c'est peut-être Diderot, dans le *Supplément au Voyage de Bougainville*, dont ni le cadre, ni les personnages, ni l'affabulation n'ont de ressemblance directe avec les *Dialogues* de Lahontan, qui en a le mieux saisi la signification et compris que le mythe du bon sauvage était une image ironique, un contre-modèle dans lequel le civilisé devait lire son propre jugement[11].

Henri COULET

Il a paru trois éditions modernes des *Dialogues*, toutes les trois recommandables par le sérieux de l'information et des commentaires et intéressantes par leurs différences mêmes : en 1931, celle de Gilbert Chinard, à Baltimore, Paris et Londres ; en 1973, celle de Maurice Roelens aux Editions Sociales, à Paris ; en 1990, celle de Réal Ouellet, dans le second tome des *Oeuvres complètes*, aux Presses de l'Université de Montréal. Cette édition critique des *Oeuvres complètes*, procurée par Réal Ouellet et Alain Beaulieu, est indispensable à quiconque veut connaître la vie, l'oeuvre et l'influence de Lahontan. Elle est la somme des recherches menées depuis plusieurs années par les meilleurs spécialistes de l'histoire et de la littérature canadiennes ; elle comporte notamment une bibliographie exhaustive à la date où elle a paru. A cette édition nous devons renvoyer notre lecteur, si le texte que nous lui soumettons aujourd'hui l'a mis en goût d'en savoir plus long sur Lahontan[12].

Nous reproduisons l'édition originale des *Dialogues*, en modernisant la graphie, mais en conservant la ponctuation qui est expressive et qui, bien qu'un peu plus chargée que notre ponctuation actuelle, ne devrait pas déconcerter le lecteur.

NOTES

1. Cet ennemi est Brouillan, gouverneur de Terre-Neuve, et ce ministre est Pontchartrain.

2. Les propos des éditeurs sont confirmés par une brochure de Lahontan, *L'Auteur au lecteur,* datée de « Londres, ce 26 novembre V[ieux] Style [1702] », c'est-à-dire (comme le fait remarquer Réal Ouellet dans son édition des *Œuvres complètes* de Lahontan, tome II, p. 995) du 7 décembre selon le calendrier grégorien, et par la *Préface* du troisième tome, qui est de l'auteur lui-même et qui concerne plutôt les *Nouveaux Voyages* et les *Mémoires* que les *Dialogues* .

3. Le livre, encore fort utile, de Paul Hazard sur *La Crise de la conscience européenne (1680-1715)* (Paris, 1935), contient plusieurs pages sur Lahontan et ses *Dialogues* .

4. « Il semble peu probable qu'un gouverneur général de 70 ans, imbu de son autorité, se soit mis au coude à coude avec un jeune officier de 27 ans pour faire le procès de la civilisation européenne », remarque justement Réal Ouellet (édition des *Œuvres complètes*, tome I, p. 33).

5. Edition citée des *Œuvres complètes*, tome I, p. 38. Sur Gueudeville, voir A. Rosenberg : *Nicolas Gueudeville and his work*, La Haye, Boston et Londres, 1982. La « Seconde édition, revue, corrigée et augmentée » des *Œuvres* de Lahontan parut à Amsterdam chez François l'Honoré, 1705, en deux volumes.

6. La Grangula est un chef onontagué (les Onontagués étaient un des peuples de la confédération iroquoise) qui négocia à plusieurs reprises avec les Français ; il s'appelait Otreouti, dit la Grande Gueule. La harangue dont il s'agit est celle qu'il prononça à l'adresse du gouverneur La Barre, le 5 septembre 1684 ; elle est rapportée par Lahontan dans la lettre VII des *Nouveaux Voyages* .

7. *Supplément à l'Encyclopédie*, Amsterdam, M. M. Rey, 1776, Tome I, p. 354-362, cité par Réal Ouellet, *Œuvres complètes* de Lahontan, t. I, p. 187.

8. Remarque faite par Maurice Roelens, p. 46 de son édition des *Dialogues*, Editions Sociales, 1973.

9. Nous avouons n'avoir pas trouvé d'où vient ce vers, mais il semble emprunté à quelque poème religieux inspiré de la Bible. Images et rythme rappellent le lyrisme sacré de l'époque baroque et du classicisme. Qu'il soit ou ne soit pas de Lahontan, c'est bien un vers que l'auteur a glissé dans la prose du Sauvage, et Voltaire, près de trente ans plus tard, l'y a recueilli pour le placer à la fin du monologue de Caton, traduit de la tragédie d'Addison, dans la XVIIIe des *Lettres philosophiques* :

« Hâtons-nous de sortir d'une prison funeste ;
Je te verrai sans ombre, ô vérité céleste !
Tu te caches de nous dans nos jours de sommeil :
Cette vie est un songe et la mort un réveil. »

La tragédie *Caton* d'Addison était de 1713, et l'adaptation de Voltaire est très éloignée du texte anglais.

10. Les *Mémoires*, au chapitre « Habits, Logements, Complexion et tempérament des Sauvages », disaient seulement : « Il est très rare d'en voir de boiteux, de borgnes, de bossus, d'aveugles, de muets, etc. « (édition citée des *Œuvres complètes*, t. I, p. 633).

11. On peut lire sur ce sujet notre article : « Deux confrontations du sauvage et du civilisé : Les *Dialogues* de Lahontan et le *Supplément au voyage de Bougainville* de Diderot », dans *Man and Nature. L'Homme et la nature IX*, Société canadienne d'étude du XVIIIe siècle,1990.

12. Sur les assez nombreuses rééditions des œuvres de Lahontan (et de la réécriture de Gueudeville) au cours du XVIIIe siècle, et sur les traductions, voir l'édition des *Œuvres complètes* par Réal Ouellet et Alain Beaulieu.

Dialogues de Monsieur le baron de Lahontan et d'un Sauvage dans l'Amérique

AVIS DE L'AUTEUR, AU LECTEUR[1]

Dès que plusieurs Anglais, d'un mérite distingué, à qui la langue française est aussi familière que la leur, et divers autres de mes Amis, eurent vu mes Lettres et Mémoires de *Canada,* ils me témoignèrent qu'ils auraient souhaité une plus ample Relation des moeurs et coutumes des Peuples, auxquels nous avons donné le nom de Sauvages. C'est ce qui m'obligea de faire profiter le Public de ces divers Entretiens, que j'ai eu[s] dans ce Pays-là avec un certain Huron, à qui les Français ont donné le nom de *Rat* ; je me faisais une application agréable, lorsque j'étais au Village de cet Américain, de recueillir avec soin tous ses raisonnements. Je ne fus pas plutôt de retour de mon Voyage des Lacs de *Canada,* que je fis voir mon Manuscrit à Mr le Comte de *Frontenac,* qui fut si ravi de le lire, qu'ensuite il se donna la peine de m'aider à mettre ces Dialogues dans l'état où ils sont. Car ce n'était auparavant que des Entretiens interrompus, sans suite et sans liaison. C'est à la sollicitation de ces Gentilshommes anglais, et autres de mes Amis, que j'ai fait part au Public de bien des Curiosités qui n'ont jamais été écrites auparavant, touchant ces Peuples sauvages. J'ai aussi cru qu'il n'aurait pas désagréable* que j'y

* Comprendre : « qu'il [le Public] ne trouverait pas désagréable ».

ajoutasse des Relations assez curieuses de deux Voyages que j'ai faits, l'un au Portugal, où je me sauvai de Terre-Neuve ; et l'autre en Danemark. On y trouvera la description de *Lisbonne,* de *Copenhague,* et de la Capitale du Royaume d'*Aragon,* me réservant à faire imprimer d'autres Voyages que j'ai faits en Europe, lorsque j'aurai le bonheur de pouvoir dire des Vérités sans risque et sans danger.

[DE LA RELIGION.]

Lahontan. – C'est avec beaucoup de plaisir, mon cher Adario, que je veux raisonner avec toi de la plus importante affaire qui soit au monde, puisqu'il s'agit de te découvrir les grandes vérités du christianisme.

Adario. – Je suis prêt à t'écouter, mon cher frère, afin de m'éclaircir de tant de choses que les Jésuites nous prêchent depuis longtemps, et je veux que nous parlions ensemble avec autant de liberté que faire se pourra. Si ta créance est semblable à celle que les Jésuites nous prêchent, il est inutile que nous entrions en conversation, car ils m'ont débité tant de fables que tout ce que je puis croire, c'est qu'ils ont trop d'esprit pour les croire eux-mêmes.

Lahontan. – Je ne sais pas ce qu'ils t'ont dit, mais je crois que leurs paroles et les miennes se rapporteront fort bien les unes aux autres. La religion chrétienne est celle que les hommes doivent professer pour aller au ciel. Dieu a permis qu'on découvrît l'Amérique, voulant sauver tous les peuples qui suivront les lois du christianisme ; il a voulu que l'Evangile fût prêché à ta nation, afin de lui montrer le véritable chemin du paradis, qui est l'heureux séjour des bonnes âmes. Il est dommage que tu ne veuilles pas profiter des grâces et des talents que Dieu t'a donnés. La vie est courte, nous sommes incertains de l'heure de notre mort ; le temps est cher ; éclaircis-toi donc des grandes vérités du christianisme, afin de l'embrasser au plus vite en regrettant les jours que tu as passés dans l'ignorance, sans culte, sans religion, et sans la connaissance du vrai Dieu.

Adario. – Comment sans connaissance du vrai Dieu ! Est-ce que tu rêves ? Quoi ! tu nous crois sans religion après avoir demeuré tant de temps avec nous ? 1. Ne sais-tu pas que nous reconnaissons un créateur de l'univers, sous le nom du grand Esprit, ou du Maître de la Vie, que nous croyons être dans tout ce qui n'a point de bornes. 2. Que nous confessons l'immortalité de l'âme. 3. Que le grand Esprit nous a pourvus d'une raison capable de discerner le bien d'avec le mal comme le ciel d'avec la terre, afin que nous suivions exactement les véritables règles de la justice et de la sagesse. 4. Que la tranquillité d'âme plaît au grand Maître de la vie ; qu'au contraire le trouble de l'esprit lui est en horreur, parce que les hommes en deviennent méchants. 5. Que la vie est un songe et la mort un réveil, après lequel l'âme voit et connaît la nature et la qualité des choses visibles et invisibles. 6. Que la portée de notre esprit ne pouvant s'étendre un pouce au-dessus de la superficie de la terre, nous ne devons pas le gâter et le corrompre en essayant de pénétrer les choses invisibles et improbables. Voilà, mon cher frère, quelle est notre créance, et ce que nous suivons exactement. Nous croyons aussi d'aller dans le pays des âmes après notre mort ; mais nous ne soupçonnons pas, comme vous, qu'il faut nécessairement qu'il y ait des séjours et bons et mauvais après la vie, pour les bonnes ou mauvaises âmes, puisque nous ne savons pas si ce que nous croyons être un mal selon les hommes, l'est aussi selon Dieu ; si votre religion est différente de la nôtre, cela ne veut pas dire que nous n'en ayons point du tout. Tu sais que j'ai été en France, à la Nouvelle-York et à Québec, où j'ai étudié les mœurs et la doctrine des Anglais et des Français. Les Jésuites disent que parmi cinq ou six cents sortes de religions qui sont sur la terre, il n'y en a qu'une seule bonne et véritable, qui est la leur, et sans laquelle nul homme n'échappera d'un feu qui brûlera son âme durant toute l'éternité ; et cependant ils n'en sauraient donner de preuves.

Lahontan. – Ils ont bien raison, Adario, de dire qu'il y en a de mauvaises ; car, sans aller plus loin, ils n'ont qu'à parler de la tienne. Celui qui ne connaît point les vérités de la religion chrétienne n'en saurait avoir. Tout ce que tu viens de me dire sont des rêveries effroyables. Le pays des âmes dont tu parles, n'est qu'un pays de chasse chimérique : au lieu que nos saintes Ecritures nous parlent d'un paradis situé au-dessus des étoiles les plus éloignées, où Dieu séjourne actuellement environné de gloire, au milieu des âmes de tous les fidèles chrétiens. Ces mêmes Ecritures font mention d'un enfer que nous croyons être placé dans le centre de la terre, où les âmes de tous ceux qui n'ont pas embrassé le christianisme brûleront éternellement sans se consumer, aussi bien que celle des mauvais chrétiens. C'est une vérité à laquelle tu devrais songer.

Adario. – Ces saintes Ecritures que tu cites à tout moment, comme les Jésuites font, demandent cette grande foi, dont ces bons pères nous rompent les oreilles ; or cette foi ne peut être qu'une persuasion, croire c'est être persuadé, être persuadé c'est voir de ses propres yeux une chose, ou la reconnaître par des preuves claires et solides. Comment donc aurais-je cette foi puisque tu ne saurais ni me prouver, ni me faire voir la moindre chose de ce que tu me dis ? Crois-moi, ne jette pas ton esprit dans des obscurités, cesse de soutenir les visions des Ecritures saintes, ou bien finissons nos entretiens. Car, selon nos principes, il faut de la probabilité. Sur quoi fondes-tu le destin des bonnes âmes qui sont avec le grand Esprit au-dessus des étoiles, ou celui des mauvaises qui brûleront éternellement au centre de la terre ? Il faut que tu accuses Dieu de tyrannie si tu crois qu'il ait créé un seul homme pour le rendre éternellement malheureux parmi les feux du centre de cette terre. Tu diras, sans doute, que les saintes Ecritures prouvent cette grande vérité ; mais il faudrait encore, si cela était, que la terre fût éternelle, or les Jésuites le nient, donc le lieu des flammes doit cesser lorsque la terre sera consumée. D'ailleurs, comment veux-tu que l'âme, qui est un pur esprit, mille fois plus subtil et plus léger que la fumée, tende contre son penchant naturel au centre de cette terre ;

il serait plus probable qu'elle s'élevât et s'envolât au soleil où tu pourrais plus raisonnablement placer ce lieu de feux et de flammes, puisque cet astre est plus grand que la terre, et beaucoup plus ardent.

Lahontan. – Ecoute, mon cher Adario, ton aveuglement est extrême, et l'endurcissement de ton cœur te fait rejeter cette foi et ces Ecritures, dont la vérité se découvre aisément, lorsqu'on veut un peu se défaire de ses préjugés. Il ne faut qu'examiner les prophéties qui y sont contenues, et qui ont été incontestablement écrites avant l'événement. Cette histoire sainte se confirme par les auteurs païens, et par les monuments les plus anciens et les plus incontestables que les siècles passés puissent fournir. Crois-moi, si tu faisais réflexion sur la manière dont la religion de Jésus-Christ s'est établie dans le monde, et sur le changement qu'elle y a apporté ; si tu pressais les caractères de vérité, de sincérité et de divinité, qui se remarquent dans les Ecritures ; en un mot, si tu prenais les parties de notre religion dans le détail, tu verrais et tu sentirais que ses dogmes, que ses préceptes, que ses promesses, que ses menaces n'ont rien d'absurde, de mauvais, ni d'opposé aux sentiments naturels, et que rien ne s'accorde mieux avec la droite raison, et avec les sentiments de la conscience.

Adario. – Ce sont des contes que les Jésuites m'ont déjà fait plus de cent fois ; ils veulent que depuis cinq ou six mille ans, tout ce qui s'est passé ait été écrit sans altération. Ils commencent à dire la manière dont la terre et les cieux furent créés ; que l'homme le fut de terre, la femme d'une de ses côtes, comme si Dieu ne l'aurait pas faite de la même matière ; qu'un serpent tenta cet homme dans un jardin d'arbres fruitiers, pour lui faire manger d'une pomme, qui est cause que le grand Esprit a fait mourir son fils exprès pour sauver tous les hommes. Si je disais qu'il est plus probable que ce sont des fables que des vérités, tu me paierais des raisons de ta Bible ; or l'invention de l'écriture n'a été trouvée, à ce que tu me dis un jour, que depuis trois mille ans, l'imprimerie depuis quatre ou cinq siècles, comment donc s'assurer de tant d'événements divers pendant plusieurs siècles ? Il faut assurément être bien crédule pour ajouter foi à tant de rêveries contenues dans ce grand livre que les chrétiens veulent que nous croyions. J'ai ouï lire des livres que les Jésuites ont faits de notre pays. Ceux qui les lisaient me les expliquaient en ma langue, mais j'y ai reconnu vingt menteries les unes sur les autres. Or si nous voyons de nos propres yeux des faussetés imprimées et des choses différentes de ce qu'elles sont sur le papier, comment veux-tu que je croie la sincérité de ces Bibles écrites depuis tant de siècles, traduites de plusieurs langues par des ignorants qui n'en auront pas conçu le véritable sens, ou par des menteurs qui auront changé, augmenté et diminué les paroles qui s'y trouvent aujourd'hui. Je pourrais ajouter à cela quelques autres difficultés qui, peut-être, à la fin t'engageraient, en quelque manière, d'avouer que j'ai raison de m'en tenir aux affaires visibles ou probables.

Lahontan. – Je t'ai découvert, mon pauvre Adario les certitudes et les preuves de la religion chrétienne ; cependant tu ne veux pas les écouter, au contraire tu les regardes comme des chimères, en alléguant les plus sottes raisons du monde. Tu me cites les faussetés qu'on écrit dans les relations que tu as vues de ton pays. Comme si le Jésuite qui les a faites n'a pas pu être abusé par ceux qui lui ont fourni les mémoires. Il faut que tu considères que ces descriptions du Canada sont des bagatelles, qui ne se doivent pas comparer avec les livres qui traitent des choses saintes, dont cent auteurs différents ont écrit sans se contredire.

Adario. – Comment sans se contredire ! Hé quoi, ce livre de choses saintes n'est-il pas plein de contradictions ? Ces Evangiles, dont les Jésuites nous parlent, ne causent-ils pas un désordre épouvantable entre les Français et les Anglais ? Cependant tout ce qu'ils contiennent vient de la bouche du grand Esprit, si l'on vous en croit. Or, quelle apparence y a-t-il qu'il eût parlé confusément, et qu'il eût donné à ses paroles un sens ambigu, s'il avait eu envie qu'on l'entendît ? De deux choses l'une, s'il est né et mort sur la terre, et qu'il ait harangué, il faut que ses discours aient été perdus, parce qu'il aurait parlé si clairement que les enfants auraient pu concevoir ce qu'il eût dit ; ou bien si vous croyez que les Evangiles sont véritablement ses paroles, et qu'il n'y ait rien que du sien, il faut qu'il soit venu porter la guerre dans ce monde au lieu de la paix[2] ; ce qui ne saurait être.

Les Anglais m'ont dit que leurs Evangiles contiennent les mêmes paroles que ceux des Français, il y a pourtant plus de différence de leur religion à la vôtre, que de la nuit au jour. Ils assurent que la leur est la meilleure ; les Jésuites prêchent le contraire, et disent que celles des Anglais et de mille autres peuples ne valent rien. Qui dois-je croire, s'il n'y a qu'une seule véritable religion sur la terre ? Qui sont les gens qui n'estiment pas la leur la plus parfaite ? Comment l'homme peut-il être assez habile pour discerner cette unique et divine religion parmi tant d'autres différentes ? Crois-moi, mon cher frère, le grand Esprit est sage, tous ses ouvrages sont accomplis, c'est lui qui nous a faits, il sait bien ce que nous deviendrons. C'est à nous d'agir librement sans embarrasser notre esprit des choses futures. Il t'a fait naître Français, afin que tu crusses ce que tu ne vois ni ne conçois ; et il m'a fait naître Huron, afin que je ne crusse que ce que j'entends, et ce que la raison m'enseigne.

Lahontan. – La raison t'enseigne à te faire chrétien, et tu ne veux pas l'être ; tu entendrais, si tu voulais, les vérités de notre Evangile, tout s'y suit, rien ne s'y contredit. Les Anglais sont chrétiens, comme les Français ; et s'il y a de la différence entre ces deux nations, au sujet de la religion, ce n'est que par rapport à certains passages de l'Ecriture sainte qu'elles expliquent différemment. Le premier et principal point qui cause tant de disputes, est que les Français croient que le Fils de Dieu ayant dit que son corps était un morceau de pain, il faut croire que cela est vrai, puisqu'il ne saurait mentir. Il dit donc à ses Apôtres qu'ils le mangeassent et que ce pain était véritablement son corps ; qu'ils fissent incessamment cette cérémonie en commémoration de lui. Ils n'y ont pas manqué ; car depuis la mort de ce Dieu fait homme, on fait tous les jours le sacrifice de la messe, parmi les Français, qui ne doutent point de la présence réelle du Fils de Dieu dans ce morceau de pain. Or les Anglais prétendent qu'étant au ciel, il ne saurait être corporellement sur la terre ; que les autres paroles qu'il a dit ensuite (et dont la description serait trop étendue pour toi) les persuadent que ce Dieu n'est que spirituellement dans ce pain. Voilà toute la différence qu'il y a d'eux à nous. Car pour les autres points, ce sont des vétilles, dont nous nous accorderions facilement.

Adario. – Tu vois donc bien qu'il y a de la contradiction ou de l'obscurité dans les paroles du Fils du grand Esprit, puisque les Anglais et vous autres en disputez le sens avec tant de chaleur et d'animosité, et que c'est le principal motif de la haine qu'on remarque entre vos deux nations. Mais ce n'est pas ce que je veux dire. Ecoute, mon frère, il faut que les uns et les autres soient fous de croire l'incarnation d'un Dieu, voyant l'ambiguïté de ces discours dont votre Evangile fait mention. Il y a cinquante choses équivoques qui sont trop grossières pour être sorties de la bouche d'un être aussi parfait. Les Jésuites nous assurent que ce Fils du grand Esprit a dit qu'il veut véritablement que tous les hommes soient sauvés ; or s'il le veut il faut que cela soit ; cependant ils ne le sont pas tous, puisqu'il a dit que *beaucoup étaient appelés, et peu élus.* C'est une contradiction. Ces Pères répondent que Dieu ne veut sauver les hommes qu'à condition qu'ils le veuillent eux-mêmes. Cependant Dieu n'a pas ajouté cette clause parce qu'il n'aurait pas alors parlé en Maître. Mais enfin les Jésuites veulent pénétrer dans les secrets de Dieu, et prétendre ce qu'il n'a pas prétendu lui-même, puisqu'il n'a pas établi cette condition. Il en est de même que si le grand capitaine des Français faisait dire par son vice-roi, qu'il veut que tous les esclaves du Canada passassent véritablement en France, où il les ferait tous riches, et qu'alors les esclaves répondissent qu'ils n'y veulent pas aller, parce que ce grand capitaine ne peut le vouloir qu'à condition qu'ils le voudront. N'est-il pas vrai, mon frère, qu'on se moquerait d'eux, et qu'ils seraient ensuite obligés de passer en France malgré leur volonté ? Tu n'oserais me dire le contraire. Enfin ces mêmes Jésuites m'ont expliqué tant d'autres paroles qui se contredisent, que je m'étonne après cela qu'on puisse les appeler *Ecritures saintes*. Il est écrit que le premier homme que le grand Esprit fit de sa propre main, mangea d'un fruit défendu, dont il fut châtié lui et sa femme, pour être aussi criminels l'un que l'autre. Supposons donc que pour une pomme leur punition ait été comme tu voudras ; ils ne devaient se plaindre que de ce que le grand Esprit sachant qu'ils la mangeraient, il les eût créés pour être malheureux. Venons à leurs enfants qui, selon les Jésuites, sont enveloppés dans cette déroute. Est-ce qu'ils sont coupables de la gourmandise de leur père et de leur mère ? Est-ce que si un homme tuait un de vos rois, on punirait aussi toute sa génération, pères, mères, oncles, cousins, sœurs, frères et tous ses autres parents ? Supposons donc que le grand Esprit, en créant cet homme, ne sût pas ce qu'il devrait faire après sa création (ce qui ne peut être), supposons encore que toute sa postérité soit complice de son crime (ce qui serait injuste), ce grand Esprit n'est-il pas, selon vos Ecritures, si miséricordieux et si clément, que sa bonté pour tout le genre humain ne peut se concevoir. N'est-il pas aussi si grand et si puissant que si tous les esprits des hommes qui sont, qui ont été, et qui seront, étaient rassemblés en un seul, il lui serait impossible de comprendre la moindre partie de sa toute-puissance. Or, s'il est si bon et si miséricordieux, ne pouvait-il pas pardonner lui et tous ses descendants d'une seule parole ? Et s'il est si puissant et si grand, quelle apparence y a-t-il qu'un être si incompréhensible se fît homme, vécût en misérable, et mourût en infâme, pour expier le péché d'une vile créature, autant ou plus au-dessous de lui, qu'une mouche est au-dessous du soleil et des étoiles ? Où est donc cette puissance infinie ? A quoi lui servirait-elle, et quel usage en ferait-il ? Pour moi, je soutiens que c'est douter de l'étendue incompréhensible de sa toute-puissance et avoir une présomption extravagante de soi-même de croire un avilissement de cette nature.

Lahontan. – Ne vois-tu pas, mon cher Adario, que le grand Esprit étant si puissant, et tel que nous l'avons dit, le péché de notre premier Père était par conséquent si énorme et si grand qu'on le puisse dépeindre[3]. Par exemple, si j'offensais un de mes soldats, ce ne serait rien, mais si je faisais un outrage au roi, mon offense serait achevée, et en même temps impardonnable. Or Adam outrageant le Roi des Rois, nous sommes ses complices, puisque nous sommes une partie de son âme, et par conséquent, il fallait à Dieu une satisfaction telle que la mort de son propre fils. Il est bien vrai qu'il nous aurait pu pardonner d'une seule parole, mais par des raisons que j'aurais de la peine à te faire comprendre, il a bien voulu vivre et mourir pour tout le genre humain. J'avoue qu'il est miséricordieux, et qu'il eût pu absoudre Adam le même jour, car sa miséricorde est le fondement de toute l'espérance du salut. Mais, s'il n'eût pas pris à cœur le crime de sa désobéissance, sa défense[4] n'eût été qu'un jeu. Il faudrait qu'il n'eût pas parlé sérieusement, et sur ce pied-là[5], tout le monde serait en droit de faire tout le mal qu'il voudrait.

Adario. – Jusqu'à présent tu ne prouves rien, et plus j'examine cette prétendue incarnation, et moins j'y trouve de vraisemblance. Quoi ! ce grand et incompréhensible Etre et créateur des terres, des mers et du vaste firmament, aurait pu s'avilir à demeurer neuf mois prisonnier dans les entrailles d'une femme, à s'exposer à la misérable vie de ses camarades pécheurs, qui ont écrit vos livres d'Evangiles, à être battu, fouetté, et crucifié comme un malheureux ? C'est ce que mon esprit ne peut s'imaginer. Il est écrit qu'il est venu tout exprès sur la terre pour y mourir, et cependant il a craint la mort ; voilà une contradiction en deux manières. 1. S'il avait le dessein de naître pour mourir, il ne devait pas craindre la mort. Car pourquoi la craint-on ? C'est parce qu'on n'est pas bien assuré de ce qu'on deviendra en perdant la vie ; or il n'ignorait pas le lieu où il devait aller, donc il ne devait pas être si effrayé. Tu sais bien que nous et nos femmes nous

nous empoisonnons le plus souvent, pour nous aller tenir compagnie dans le pays des morts, lorsque l'un ou l'autre meurt ; tu vois donc bien que la perte de la vie ne nous effarouche pas, quoique nous ne soyons pas certains de la route que nos âmes prennent. Après cela que me répondras-tu ? 2. Si le Fils du grand Esprit avait autant de pouvoir que son père, il n'avait que faire de le prier de lui sauver la vie, puisqu'il pouvait lui-même se garantir de la mort, et qu'en priant son père il se priait soi-même. Pour moi, mon cher frère, je ne conçois rien du tout de ce que tu veux que je conçoive.

Lahontan. – Tu avais bien raison de me dire tout à l'heure, que la portée de ton esprit ne s'étend pas un pouce au-dessus de la superficie de la terre. Tes raisonnements le prouvent assez. Après cela, je ne m'étonne pas si les Jésuites ont tant de peine à te prêcher, et à te faire entendre les saintes vérités. Je suis fou de raisonner avec un sauvage qui n'est pas capable de distinguer une supposition chimérique d'un principe assuré, ni une conséquence bien tirée, d'une fausse. Comme, par exemple, lorsque tu as dit que Dieu voulait sauver tous les hommes, et que pourtant il y en aurait peu de sauvés ; tu as trouvé de la contradiction à cela ; cependant, il n'y en a point. Car il veut sauver tous les hommes qui le voudront eux-mêmes en suivant sa Loi et ses préceptes ; ceux qui croiront son incarnation, la vérité des Evangiles, la récompense des bons, le châtiment des méchants, et l'éternité. Mais comme il se trouvera peu de ces gens-là, tous les autres iront brûler éternellement dans ce lieu de feux et de flammes, dont tu te moques. Prends garde de n'être pas du nombre de ces derniers ; j'en serais fâché, parce que je suis ton ami ; alors tu ne diras pas que l'Evangile est plein de contradictions et de chimères. Tu ne demanderas plus de preuves grossières de toutes les vérités que je t'ai dit[es]; tu te repentiras bien d'avoir traité nos Evangélistes d'imbéciles conteurs de fables : mais il ne sera plus temps ; songe à tout ceci, et ne sois pas si obstiné ; car, en vérité, si tu ne te rends aux raisons incontestables que je donne sur nos mystères, je ne parlerai de ma vie avec toi.

Adario. – Ha ! mon frère, ne te fâche pas, je ne prétends pas t'offenser en t'opposant les miennes. Je ne t'empêche pas de croire tes Evangiles. Je te prie seulement de me permettre que je puisse douter de tout ce que tu viens de m'expliquer. Il n'est rien de si naturel aux chrétiens que d'avoir de la foi pour les saintes Ecritures, parce que dès leur enfance on leur en parle tant, qu'à l'imitation de tant de gens élevés dans la même créance, ils les ont tellement imprimées dans l'imagination, que la raison n'a plus la force d'agir sur leurs esprits déjà prévenus de la vérité de ces Evangiles ; il n'est rien de si raisonnable à des gens sans préjugés, comme sont les Hurons, d'examiner[6] les choses de près. Or, après avoir fait bien des réflexions, depuis dix années, sur ce que les Jésuites nous disent de la vie et de la mort du fils du grand Esprit, tous mes Hurons te donneront vingt raisons qui prouveront le contraire ; pour moi, j'ai toujours soutenu que, s'il était possible qu'il eût eu la bassesse de descendre sur terre, il se serait manifesté à tous les peuples qui l'habitent. Il serait descendu en triomphe avec éclat et majesté, à la vue de quantité de gens. Il aurait ressuscité les morts, rendu la vue aux aveugles, fait marcher les boiteux, guéri les malades par toute la terre ; enfin, il aurait parlé, et commandé ce qu'il voulait qu'on fît ; il serait allé de nation en nation faire ces grands miracles pour donner la même loi à tout le monde ; alors nous n'aurions tous qu'une même religion, et cette grande uniformité qui se trouverait partout, prouverait à nos descendants d'ici à dix mille ans la vérité de cette religion connue aux quatre coins de la terre, dans une même égalité : au lieu qu'il s'en trouve plus de cinq ou six cents, différentes les unes des autres, parmi lesquelles celle des Français est l'unique qui soit bonne, sainte et véritable, suivant ton raisonnement. Enfin, après avoir songé mille fois à toutes ces énigmes que vous appelez mystères, j'ai cru qu'il fallait être né au-delà du Grand Lac, c'est-à-dire être Anglais ou Français, pour les concevoir. Car dès qu'on me dira que Dieu, dont on ne peut se représenter la figure, puisse produire un fils sous celle d'un homme, je répondrai qu'une femme ne saurait produire un castor, parce que chaque espèce dans la nature y produit son semblable. Si les hommes étaient tous au Diable avant la venue du fils de Dieu, quelle apparence y a-t-il qu'il eût pris la forme des créatures qui étaient au Diable ? n'en eût-il pas pris une différente et plus belle et plus pompeuse ? Cela se pouvait d'autant mieux que la troisième personne de cette Trinité (si incompatible avec l'unité) a pris la forme d'une colombe.

Lahontan. – Tu viens de faire un système sauvage par une profusion de chimères, qui ne signifie rien. Encore une fois ce serait en vain que je chercherais à te convaincre par des raisons solides, puisque tu n'es pas capable de les entendre. Je te renvoie aux Jésuites ; cependant je te veux faire concevoir une chose fort aisée et qui est de la sphère de ton génie : c'est qu'il ne suffit pas de croire, pour aller chez le grand Esprit, ces grandes vérités de l'Evangile que tu nies, il faut inviolablement observer les commandements de la Loi qui y est contenue, c'est-à-dire n'adorer que le grand Esprit seul, ne point travailler les jours de la grande prière, honorer son père et sa mère, ne point coucher avec les filles, ni même les désirer, que pour le mariage, ne tuer, ni faire tuer personne, ne dire du mal de ses frères, ni mentir ; ne point toucher aux femmes mariées, ne prendre point le bien de ses frères ; aller à la messe les jours marqués par les Jésuites, et jeûner certains jours de la semaine ; car tu aurais beau croire tout ce que nous croyons des saintes Ecritures, ces préceptes y étant compris, il faut les observer, ou brûler éternellement après la mort.

Adario. – Ha ! mon cher frère, voilà où je t'attendais. Vraiment il y a longtemps que je sais tout ce que tu me viens d'expliquer à présent. C'est ce que je trouve de raisonnable dans ce livre de l'Evangile, rien n'est plus juste ni plus plausible que ces ordonnances. Tu viens de me dire que si on ne les exécute pas, et qu'on ne suive pas ponctuellement ces commandements, la créance et la foi des Evangiles est inutile ; pourquoi donc est-ce que les Français le croient en se moquant de ces préceptes ? Voilà une contradiction manifeste. Car 1. à l'égard de l'adoration du grand Esprit, je n'en connais aucune marque dans vos actions, et cette adoration ne consiste qu'en paroles pour nous tromper. Par exemple, ne vois-je pas tous les jours que les marchands disent en trafiquant nos castors : *Mes marchandises me coûtent tant, aussi vrai que j'adore Dieu, je perds tant avec toi, vrai comme Dieu est au ciel.* Mais je ne vois pas qu'ils lui fassent des sacrifices des meilleures marchandises qu'ils ont, comme nous faisons, lorsque nous les avons achetées d'eux, et que nous les brûlons en leur présence. 2. Pour le travail des jours de la grande prière, je ne conçois pas que vous fassiez de la différence de ceux-là aux autres ; car j'ai vu vingt fois des Français qui trafiquaient des pelleteries, qui faisaient des filets ; qui jouaient, se querellaient, se battaient, se saoulaient, et faisaient cent autres folies. 3. Pour la vénération de vos pères, c'est une chose extraordinaire parmi vous de suivre leurs conseils ; vous les laissez mourir de faim, vous vous séparez d'eux, vous faites cabane à part ; vous êtes toujours prêts à leur demander, et jamais à leur donner ; et si vous espérez quelque chose d'eux, vous leur souhaitez la mort, ou du moins vous l'attendez avec impatience. 4. Pour la continence envers le sexe, qui sont ceux parmi vous, à la réserve des Jésuites, qui l'aient jamais gardée ? Ne voyons-nous pas tous les jours vos jeunes gens poursuivre nos filles et nos femmes jusque dans les champs, pour les séduire par des présents, courir toutes les nuits de cabane en cabane dans notre village pour les débaucher, et ne sais-tu pas toi-même combien d'affaires se sont passées parmi tes propres soldats ? 5. A l'égard du meurtre, il est si ordinaire parmi vous, il est si fréquent que, pour la moindre chose, vous mettez l'épée à la main, et vous vous tuez. Quand j'étais à Paris, on y trouvait toutes les nuits des gens percés de coups ; et sur les chemins de là à La Rochelle, on me dit qu'il fallait que je prisse bien garde de perdre la vie. 6. Ne dire du mal de ses frères, ni mentir, sont des choses dont vous vous abstiendriez moins que de boire et de manger ; je n'ai jamais ouï parler quatre Français ensemble sans dire du mal de quelqu'un, et si tu savais ce que j'ai entendu publier du vice-roi, de l'intendant, des Jésuites, et de mille gens que tu connais, et peut-être de toi-même, tu verrais bien que les Français se savent déchirer de la belle manière. Pour mentir, je soutiens qu'il n'y a pas un marchand ici qui ne dise vingt menteries pour nous vendre la valeur d'un castor de marchandises, sans compter celles qu'ils disent pour diffamer leurs camarades. 7. Ne point toucher aux femmes mariées, il ne faut que vous entendre quand vous avez un peu bu, on peut apprendre sur cette matière bien des histoires, on n'a qu'à compter les enfants que les femmes des coureurs de bois[7] savent faire pendant l'absence de leurs maris. 8. Ne point prendre le bien d'autrui : combien de vols n'as-tu pas vu faire depuis que tu es ici entre les coureurs de bois qui y sont ? N'en a-t-on pas pris sur le fait, n'en a-t-on pas châtié ? N'est-ce pas une chose ordinaire dans vos villes, peut-on marcher la nuit en sûreté, ni laisser ses portes ouvertes ? 9. Aller à votre messe pour prêter l'oreille aux paroles d'une langue qu'on n'entend pas : il est vrai que le plus souvent les Français y vont, mais c'est pour y songer à tout autre chose qu'à la prière. A Québec les hommes y vont pour voir les femmes, et celles-ci pour voir les hommes. J'en ai vu qui se font porter des coussins, de peur de gâter leurs bas et leurs jupes, elles s'asseyent sur leurs talons, elles tirent un livre d'un grand sac, elles le tiennent ouvert en regardant plutôt les hommes qui leur plaisent, que les prières qui sont dedans. La plupart des Français y prennent du tabac en poudre, y parlent, y rient et chantent plutôt par divertissement que par dévotion. Et qui pis est, je sais que pendant le temps de cette prière plusieurs femmes et filles en profitent pour leurs galanteries, demeurant seules dans leurs maisons. A l'égard de votre jeûne, il est plaisant. Vous mangez de toute sorte de poisson à crever, des œufs et mille autres choses, et vous appelez cela jeûner ? Enfin, mon cher frère, vous autres Français prétendez tous tant que vous êtes avoir de la foi, et vous êtes des incrédules ; vous voulez passer pour sages, et vous êtes fous, vous vous croyez des gens d'esprit, et vous êtes de présomptueux ignorants.

Lahontan. – Cette conclusion, mon cher ami, est un peu huronne, en décidant de tous les Français en général ; si cela était, aucun d'eux n'irait en Paradis ; or nous savons qu'il y a des millions de bienheureux que nous appelons des saints, et dont tu vois les images dans nos églises. Il est bien vrai que peu de Français ont cette véritable foi, qui est l'unique principe de la piété ; plusieurs font profession de croire les vérités de notre religion, mais cette créance n'est ni assez forte, ni assez vive en eux. J'avoue que la plupart connaissant les vérités divines, et faisant profession de les croire, agissent tout au contraire de ce que la foi et la religion ordonnent. Je ne saurais nier la contradiction que tu as remarquée. Mais il faut considérer que les hommes pèchent quelquefois contre les lumières de leur conscience, et qu'il y a des gens bien instruits qui vivent mal. Cela peut arriver ou par le défaut d'attention, ou par la force de leurs passions, par leur attachement aux intérêts temporels : l'homme corrompu comme il est, est emporté vers le mal par tant d'endroits, et par un penchant si fort, qu'à moins de nécessité absolue, il est difficile qu'il y renonce.

Adario. – Quand tu parles de l'homme, dis l'homme français ; car tu sais bien que ces passions, cet intérêt, et cette corruption, dont tu parles, ne sont pas connues chez nous. Or ce n'est pas là ce que je veux dire : écoute mon frère, j'ai parlé très souvent à des Français sur tous les vices qui règnent parmi eux, et quand je leur ai fait voir qu'ils n'observaient nullement les lois de leur religion, ils m'ont avoué qu'il était vrai, qu'ils le voyaient et qu'ils le connaissaient parfaitement bien, mais qu'il leur était impossible de les observer[8]. Je leur ai demandé s'ils ne croyaient pas que leurs âmes brûleraient éternellement : ils m'ont répondu que la miséricorde de Dieu est si grande, que quiconque a de la confiance en sa bonté, sera pardonné ; que l'Evangile est une alliance de grâce dans laquelle Dieu s'accommode à l'état et à la faiblesse de l'homme qui est tenté par tant d'attraits violents si fréquemment qu'il est obligé de succomber ; et qu'enfin ce monde étant le lieu de la corruption, il n'y aura de la pureté dans l'homme corrompu si ce n'est dans le pays de Dieu. Voilà une morale moins rigide que celle des Jésuites, lesquels nous envoient en enfer pour une bagatelle. Ces Français ont raison de dire qu'il est impossible d'observer cette loi, pendant que *le Tien et le Mien* subsistera parmi vous autres. C'est un fait aisé à prouver par l'exemple de tous les sauvages du Canada, puisque malgré leur pauvreté ils sont plus riches que vous, à qui *le Tien et le Mien* fait commettre toutes sortes de crimes.

Lahontan. – J'avoue, mon cher frère, que tu as raison, et je ne saurais me lasser d'admirer l'innocence de tous les peuples sauvages. C'est ce qui fait que je souhaiterais de tout mon cœur qu'ils connussent la sainteté de nos Ecritures, c'est-à-dire cet Evangile dont nous avons tant parlé ; il ne leur manquerait autre chose que cela pour rendre leurs âmes éternellement bienheureuses. Vous vivez tous si moralement bien que vous n'auriez qu'une seule difficulté à surmonter pour aller en Paradis. C'est la fornication parmi les gens libres de l'un et l'autre sexe, et la liberté qu'ont les hommes et les femmes de rompre leurs mariages, pour changer réciproquement, et s'accommoder au choix de nouvelles personnes. Car le grand Esprit a dit que la mort ou l'adultère pouvaient seuls rompre ce lien indissoluble.

Adario.– Nous parlerons une autre fois de ce grand obstacle que tu trouves à notre salut, avec plus d'attention ; cependant je me contenterai de te donner une seule raison sur l'un de ces deux points, c'est la liberté des filles et des garçons. Premièrement un jeune guerrier ne veut point s'engager à prendre une femme qu'il n'ait fait quelque campagne contre les Iroquois, pris des esclaves pour le servir à son village, à la chasse, et à la pêche, et qu'il ne sache parfaitement bien chasser et pêcher ; d'ailleurs, il ne veut pas s'énerver par le fréquent exercice de l'acte vénérien, dans le temps que sa force lui permet de servir sa nation contre ses ennemis ; outre qu'il ne veut pas exposer une femme et des enfants à la douleur de le voir tué ou pris. Or, comme il est impossible qu'un jeune homme puisse se contenir totalement sur cette matière, il ne faut pas trouver mauvais que les garçons, une ou deux fois le mois, recherchent la compagnie des filles, et que ces filles souffrent celle des garçons ; sans cela, nos jeunes gens en seraient extrêmement incommodés, comme l'exemple l'a fait voir envers plusieurs, qui pour mieux courir, avaient gardé la continence ; et d'ailleurs nos filles auraient la bassesse de se donner à nos esclaves.

Lahontan. – Crois-moi, mon cher ami, Dieu ne se paie pas de ces raisons-là, il veut qu'on se marie, ou qu'on n'ait aucun commerce avec le sexe. Car pour une seule pensée amoureuse, un seul désir, une simple volonté de contenter sa passion brutale, il faut brûler éternellement. Et quand tu trouves de l'impossibilité dans la continence, tu donnes un démenti à Dieu, car il n'a ordonné que des choses possibles. On peut se modérer quand on le veut ; il ne faut que le vouloir. Tout homme qui croit en Dieu doit suivre ces préceptes, comme nous avons dit. On résiste à la tentation par le secours de sa grâce qui ne nous manque jamais. Vois, par exemple, les Jésuites, crois-tu qu'ils ne soient pas tentés, quand ils voient de belles filles dans ton village ? Sans contredit ils le sont ; mais ils appellent Dieu à leur secours ; ils passent leur vie, aussi bien que nos prêtres, sans se marier, ni sans avoir aucun commerce criminel avec le sexe. C'est une promesse solennelle qu'ils font à Dieu, quand ils endossent l'habit noir. Ils combattent toute leur vie les tentations ; il faut se faire de la violence pour gagner le ciel : il faut fuir les occasions de peur de tomber dans le péché. On ne saurait mieux les éviter qu'en se jetant dans les cloîtres.

Adario. – Je ne voudrais pas pour dix castors être obligé de garder le silence sur cette matière. Premièrement ces gens-là font un crime en jurant la continence ; car Dieu ayant créé autant d'hommes que de femmes, il a voulu que les uns et les autres travaillassent à la propagation du genre humain. Toutes choses multiplient dans la nature, les bois, les plantes, les oiseaux, les animaux et les insectes. C'est une leçon qu'ils nous donnent tous les ans. Et les gens qui ne font pas ainsi sont inutiles au monde, ne sont bons que pour eux-mêmes, et ils volent à la terre le blé qu'elle leur donne, puisqu'ils n'en font aucun usage, selon vos principes. Ils font un second crime quand ils violent leur serment (ce qui leur est assez ordinaire) car ils se moquent de la parole et de la foi qu'ils ont données au grand Esprit. En voici un troisième qui en amène un quatrième, dans le commerce qu'ils ont soit avec les filles, ou avec les femmes. Si c'est avec les filles il est constant qu'ils leur ôtent en les déflorant ce qu'ils ne sauraient jamais leur rendre, c'est-à-dire cette fleur que les Français veulent cueillir eux-mêmes, quand ils se marient, et laquelle ils estiment un trésor dont le vol est un des grands crimes qu'ils puissent faire. En voilà déjà un, et l'autre est que pour les garantir de la grossesse, ils prennent des précautions abominables[9], en faisant l'ouvrage à demi ; si c'est avec les femmes, ils sont responsables de l'adultère et du mauvais ménage qu'elles font avec leurs maris. Et de plus les enfants qui en proviennent sont des voleurs qui vivent aux dépens de leurs demi-frères. Le cinquième crime qu'ils commettent, consiste dans les voies illégitimes et profanes dont ils se servent pour assouvir leur passion brutale ; car comme ce sont eux qui prêchent votre Evangile, ils leur font entendre en particulier une explication bien différente de celle qu'ils débitent en public, sans quoi ils ne pourraient pas autoriser leur libertinage, qui passe pour crime selon vous autres. Tu vois bien que je parle juste, et que j'ai vu en France ces bons prêtres noirs ne pas cacher leurs visages avec leurs chapeaux, quand ils voient les femmes. Encore une fois, mon cher frère, il est impossible de se passer d'elles à un certain âge, encore moins de n'y pas penser. Toute cette résistance, ces efforts dont tu parles sont des contes à dormir debout. De même cette occasion que tu prétends qu'on évite en s'enfermant dans le couvent, pourquoi souffre-t-on que les jeunes prêtres ou moines confessent des filles et des femmes ? Est-ce fuir les occasions ? n'est-ce pas plutôt les chercher ? Qui est l'homme au monde qui peut entendre certaines galanteries dans les confessionnaux, sans être hors de soi-même ? surtout des gens sains, jeunes et robustes qui ne travaillent point et ne mangent que des viandes nourrissantes, assaisonnées de cent drogues, qui échauffent assez le sang sans autre provocation. Pour moi je m'étonne après cela qu'il y ait un seul ecclésiastique qui aille dans ce paradis du grand Esprit ; et tu oses me soutenir que ces gens-là se font moines et prêtres pour éviter le péché, pendant qu'ils sont adonnés à toutes sortes de vices ? Je sais par d'habiles Français que ceux d'entre vous qui se font prêtres ou moines ne songent qu'à vivre à leur aise, sans travail, sans inquiétude, de peur de mourir de faim, ou d'aller à l'armée. Pour bien faire il faudrait que tous ces gens-là se mariassent, et qu'ils demeurassent chacun dans leur ménage ; ou tout au moins ne recevoir de prêtres ou de moines au-dessous de l'âge de soixante ans. Alors ils pourraient confesser, prêcher, visiter sans scrupule les familles, par leur exemple édifier tout le monde. Alors, dis-je, ils ne pourraient séduire ni femmes ni filles. Ils seraient sages, modérés, considérés par leur vieillesse et par leur conduite, et la nation n'y perdrait rien, puisqu'à cet âge-là on est hors d'état de faire la guerre.

Lahontan. – Je t'ai déjà dit une fois qu'il ne fallait pas comprendre tout le monde en des choses où très peu de gens ont part. Il est vrai qu'il y en peut avoir quelques-uns qui ne se font moines ou prêtres que pour subsister commodément, et qui abandonnant les devoirs de leur ministère, se contentent d'en tirer les revenus. J'avoue qu'il y en a d'ivrognes, de violents, et d'emportés dans leurs actions et dans leurs paroles ; qu'il s'en trouve d'une avarice sordide, et d'un attachement extrême à leur intérêt ; d'orgueilleux, d'implacables dans leurs haines, de paillards, de débauchés, de jureurs, d'hypocrites, d'ignorants, de mondains, de médisants, etc., mais le nombre en est très petit, parce qu'on ne reçoit dans l'Eglise que des gens sages dont on soit bien assuré, on les éprouve, et on tâche de connaître le fond de leur âme avant que de les y admettre. Néanmoins, quelque précaution qu'on prenne, il ne se peut faire qu'on n'y soit trompé quelquefois. C'est pourtant un malheur, car lorsque ces vices paraissent dans la conduite de ces gens-là, c'est assurément le plus grand des scandales ; dès là les paroles saintes se salissent dans leur bouche, les lois de Dieu sont méprisées, les choses divines ne sont plus respectées ; le ministère s'avilit, la religion en général tombe dans le mépris ; et le peuple n'étant plus retenu par le respect que l'on doit avoir pour la religion se donne entière licence. Mais il faut que tu saches que nous nous réglons plutôt par la doctrine que par l'exemple de ces indignes ecclésiastiques. Nous ne faisons pas comme vous autres, qui n'avez pas le discernement et la fermeté nécessaires pour savoir ainsi séparer la doctrine d'avec l'exemple, et pour n'être pas ébranlés par les scandales que donnent ceux que tu as vus à Paris, dont la vie et la prédication ne s'accordent pas. Enfin tout ce que j'ai à te dire, c'est que le pape recommandant expressément à nos évêques de ne conférer à aucun sujet indigne les ordres ecclésiastiques, ils prennent bien garde à ce qu'ils font, et ils tâchent en même temps de ramener à leur devoir ceux qui s'en écartent.

Adario. – C'est quelque chose d'étrange que depuis que nous parlons ensemble, tu ne me répondes que superficiellement sur toutes les objections que je t'ai faites. Je vois que tu cherches des détours, et que tu t'éloignes toujours du sujet de mes questions. Mais à propos du pape, il faut que tu saches qu'un Anglais me disait un jour à la *Nieu-York*, que c'était comme nous un homme, mais un homme qui envoyait en enfer tous ceux qu'il excommuniait, qu'il faisait sortir d'un second lieu de flammes, que tu as oublié, tous ceux qu'il voulait et qu'il ouvrait les portes du pays du grand Esprit à qui bon lui semblait, parce qu'il avait les clefs de ce bon pays-là ; si cela est, tous ses amis devraient donc se tuer quand il meurt, pour se trouver à l'ouverture des portes en sa compagnie ; et s'il a le pouvoir d'envoyer les âmes dans le feu éternel, il est dangereux d'être de ses ennemis. Ce même Anglais ajoutait que cette grande autorité ne s'étendait nullement sur la nation anglaise, et qu'on se moquait de lui en Angleterre. Dis-moi, je te prie, s'il a dit la vérité.

Lahontan – Il y aurait tant de choses à raconter sur cette question, qu'il me faudrait quinze jours pour te les expliquer. Les Jésuites te les distingueront mieux que moi. Néanmoins je puis te dire en passant que l'Anglais raillait en disant quelques vérités. Il avait raison de te persuader que les gens de sa religion ne demandent pas au pape le chemin du ciel, puisque cette foi vive, dont nous avons parlé, les y conduit en disant des injures à ce saint homme. Le Fils de Dieu veut les sauver tous par son sang et par ses mérites. Or s'il le veut, il faut que cela soit. Ainsi, tu vois bien qu'ils sont plus heureux que les Français dont ce Dieu exige de bonnes œuvres qu'ils ne font guère. Sur ce pied-là nous allons en enfer, si nous contrevenons par nos méchantes actions au commandement de Dieu dont nous avons parlé, quoique nous ayons la même foi qu'eux. A l'égard du second lieu de flammes dont tu parles, et que nous appelons le purgatoire, ils sont exempts d'y passer, car ils aimeraient mieux vivre éternellement sur la terre, sans jamais aller en paradis, que de brûler des milliers d'années chemin faisant. Ils sont si délicats sur le point d'honneur, qu'ils n'accepteraient jamais de présents au prix de quelques bastonnades. On ne fait pas, selon eux, une grâce à un homme lorsqu'on le maltraite en lui donnant de l'argent, c'est plutôt une injure. Mais les Français, qui sont moins scrupuleux que les Anglais, tiennent pour une grande faveur, celle de brûler une infinité de siècles dans ce purgatoire, parce qu'ils connaissent mieux le prix du ciel.

Or comme le pape est leur créancier, et qu'il leur demande la restitution de ses biens, ils n'ont garde de lui demander ses pardons, c'est-à-dire un passeport pour aller en paradis, sans passer en purgatoire ; car il leur donnerait plutôt pour aller à cet enfer, qu'ils prétendent n'avoir jamais été fait pour eux. Mais nous autres Français qui lui faisons une rente assez belle, par la connaissance que nous avons de son pouvoir extrême, et de péchés que nous commettons tous contre Dieu, il faut de nécessité que nous ayons recours aux indulgences de ce saint homme, pour en obtenir un pardon qu'il a le pouvoir de nous accorder ; et tel parmi nous qui serait condamné à quarante mille ans de purgatoire, avant que d'aller au ciel, peut en être quitte pour une seule parole du pape. Les Jésuites, comme je te l'ai déjà dit, t'expliqueront à merveilles le pouvoir du pape, et l'état du purgatoire.

Adario. – La différence que je trouve entre votre créance, et celle des Anglais, embarrasse si fort mon esprit, que plus je cherche à m'éclaircir, et moins je trouve de lumières. Vous feriez mieux de dire, tous tant que vous êtes, que le grand Esprit a donné des lumières suffisantes à tous les hommes, pour connaître ce qu'ils doivent croire et ce qu'ils doivent faire, sans se tromper. Car j'ai ouï-dire que parmi chacune de ces religions différentes, il s'y trouve un nombre de gens de diverses opinions, comme, par exemple, dans la vôtre chaque ordre religieux soutient certains points différents des autres, et se conduit aussi diversement en ses instituts qu'en ses habits ; cela me fait croire qu'en Europe chacun se fait une religion à sa mode, différente de celle dont il fait profession extérieure. Pour moi, je crois que les hommes sont dans l'impuissance de connaître ce que le grand Esprit demande d'eux, et je ne puis m'empêcher de croire[10] que ce grand Esprit étant aussi juste et aussi bon qu'il l'est, sa justice ait pu rendre le salut des hommes si difficile, qu'ils seront tous damnés hors de votre religion et que même peu de ceux qui la professent iront dans ce grand paradis. Crois-moi, les affaires de l'autre monde sont bien différentes de celles-ci. Peu de gens savent ce qui s'y passe. Ce que nous savons, c'est que nous autres Hurons ne sommes pas les auteurs de notre création ; que le grand Esprit nous a fait honnêtes gens, en vous faisant des scélérats qu'il envoie sur nos terres, pour corriger vos défauts et suivre notre exemple. Ainsi, mon frère, crois tout ce que tu voudras, aie tant de foi qu'il te plaira, tu n'iras jamais dans le bon pays des âmes si tu ne te fais Huron. L'innocence de notre vie, l'amour que nous avons pour nos frères, la tranquillité d'âme dont nous jouissons par le mépris de l'intérêt, sont trois choses que le grand Esprit exige de tous les hommes en général. Nous les pratiquons naturellement dans nos villages, pendant que les Européens se déchirent, se volent, se diffament, se tuent dans leurs villes, eux qui voulant aller au pays des âmes ne songent jamais à leur créateur, que lorsqu'ils en parlent avec les Hurons. Adieu, mon cher frère, il se fait tard ; je me retire dans ma cabane pour songer à tout ce que tu m'as dit, afin que je m'en ressouvienne demain, lorsque nous raisonnerons avec le Jésuite.

[DES LOIS.]

Lahontan. – Eh bien, mon ami, tu as entendu le Jésuite, il t'a parlé clair, il t'a bien mieux expliqué les choses que moi. Tu vois bien qu'il y a de la différence de ses raisonnements aux miens. Nous autres gens de guerre ne savons que superficiellement notre religion, qui est pourtant une science que nous devrions savoir le mieux : mais les Jésuites la possèdent à tel point, qu'ils ne manquent jamais de convaincre les peuples de la terre les plus incrédules et les plus obstinés.

Adario. – A te parler franchement, mon cher frère, je n'ai pu concevoir quasi-rien de ce qu'il m'a dit, et je suis fort trompé s'il l'a compris lui-même. Il m'a dit cent fois les mêmes choses dans ma cabane, et tu as bien pu remarquer que je lui répondis vingt fois hier que j'avais déjà entendu ses raisonnements à diverses reprises. Ce que je trouve encore de ridicule, c'est qu'il me persécute à tout moment de les expliquer mot pour mot aux gens de ma nation, parce que, dit-il, ayant de l'esprit, je puis trouver des termes assez expressifs dans ma langue pour rendre le sens de ses paroles plus intelligible que lui, à qui le langage huron n'est pas assez bien connu. Tu as bien vu que je lui ai dit qu'il pouvait baptiser tous les enfants qu'il voudrait, quoiqu'il n'ait su me faire entendre ce que c'est que le baptême. Qu'il fasse tout ce qu'il voudra dans mon village, qu'il y fasse des chrétiens, qu'il prêche, qu'il baptise, je ne l'en empêche pas. C'est assez parler de religion ; venons-en à ce que vous appelez *les lois*; c'est un mot comme tu sais que nous ignorons dans notre langue ; mais j'en connais la force et l'expression, par l'explication que tu me donnas l'autre jour, avec les exemples que tu ajoutas pour me le faire concevoir. Dis-moi, je te prie, les lois n'est-ce pas dire les choses justes et raisonnables ? Tu dis qu'oui ; et bien observer les lois c'est donc observer les choses justes et raisonnables. Si cela est, il faut que vous preniez ces choses justes et raisonnables dans un autre sens que nous ; ou que, si vous les entendez de même, vous ne les suiviez jamais.

Lahontan. – Vraiment tu fais là de beaux contes et de belles distinctions ! Est-ce que tu n'as pas l'esprit de concevoir depuis vingt ans que ce qui s'appelle raison, parmi les Hurons, est aussi raison parmi les Français ? Il est bien sûr que tout le monde n'observe pas ces lois, car, si on les observait, nous n'aurions que faire de châtier personne ; alors ces juges que tu as vus à Paris et à Québec, seraient obligés de chercher à vivre par d'autres voies. Mais comme le bien de la société consiste dans la justice et dans l'observance de ces lois, il faut châtier les méchants et récompenser les bons ; sans cela, tout le monde s'égorgerait, on se pillerait, on se diffamerait, en un mot, nous serions les gens du monde les plus malheureux.

Adario. – Vous l'êtes assez déjà, je ne conçois pas que vous puissiez l'être davantage. Ô quel genre d'hommes sont les Européens ! Ô quelle sorte de créatures ! qui font le bien par force et n'évitent à faire le mal que par la crainte des châtiments ? Si je te demandais ce que c'est qu'un homme, tu me répondrais que c'est un Français, et moi je te prouverai que c'est plutôt un castor. Car un homme n'est pas homme à cause qu'il est planté droit sur ses deux pieds, qu'il sait lire et écrire, et qu'il a mille autres industries. J'appelle un homme celui qui a un penchant naturel à faire le bien et qui ne songe jamais à faire du mal. Tu vois bien que nous n'avons point des juges ; pourquoi ? parce que nous n'avons point de querelles ni de procès. Mais pourquoi n'avons-nous pas de procès ? C'est parce que nous ne voulons point recevoir ni connaître l'argent. Pourquoi est-ce que nous ne voulons pas admettre cet argent ? C'est parce que nous ne voulons pas de lois, et que depuis que le monde est monde nos pères ont vécu sans cela. Au reste, il est faux, comme je l'ai déjà dit, que le mot de lois signifie parmi vous les choses justes et raisonnables, puisque les riches s'en moquent et qu'il n'y a que les malheureux qui les suivent. Venons donc à ces lois ou choses raisonnables. Il y a cinquante ans que les gouverneurs du Canada prétendent que nous soyons sous les lois de leur grand capitaine. Nous nous contentons de nier notre dépendance de tout autre que du grand Esprit ; nous sommes nés libres et frères unis, aussi grands maîtres les uns que les autres ; au lieu que vous êtes tous des esclaves d'un seul homme. Si nous ne répondons pas que nous prétendons que tous les Français dépendent de nous, c'est que nous voulons éviter des querelles. Car sur quel droit et sur quelle autorité fondent-ils cette prétention ? Est-ce que nous nous sommes vendus à ce grand capitaine ? Avons-nous été en France vous chercher ? C'est vous qui êtes venus ici nous trouver. Qui vous a donné tous les pays que vous habitez ? De quel droit les possédez-vous[11] ? Ils appartiennent aux *Algonkins* depuis toujours. Ma foi, mon cher frère, je te plains dans l'âme. Crois-moi, fais-toi Huron. Car je vois la différence de ma condition à la tienne. Je suis maître de mon corps, je dispose de moi-même, je fais ce que je veux, je suis le premier et le dernier de ma nation ; je ne crains personne et ne dépends uniquement que du grand Esprit. Au lieu que ton corps et ta vie dépendent de ton grand capitaine ; son vice-roi dispose de toi, tu ne fais pas ce que tu veux, tu crains voleurs, faux témoins, assassins, etc. Tu dépends de mille gens que les emplois ont mis au-dessus de toi. Est-il vrai ou non ? sont-ce des choses improbables et invisibles ? Ha ! mon cher frère, tu vois bien que j'ai raison ; cependant, tu aimes encore mieux être esclave français, que libre huron. Ô le bel homme qu'un Français avec ses belles lois, qui croyant être bien sage est assurément bien fou ! puisqu'il demeure dans l'esclavage et dans la dépendance, pendant que les animaux eux-mêmes jouissant de cette adorable liberté, ne craignent, comme nous, que des ennemis étrangers.

Lahontan. – En vérité, mon ami, tes raisonnements sont aussi sauvages que toi. Je ne conçois pas qu'un homme d'esprit et qui a été en France et à la Nouvelle-Angleterre puisse parler de la sorte. Que te sert-il d'avoir vu nos villes, nos forteresses, nos palais, nos arts, notre industrie et nos plaisirs ? Et quand tu parles de lois sévères, d'esclavage, et de mille autres sottises, il est sûr que tu prêches contre ton sentiment. Il te fait beau voir me citer la félicité des Hurons, d'un tas de gens qui ne font que boire, manger, dormir, chasser, et pêcher, qui n'ont aucune commodité de la vie, qui font quatre cents lieues à pied pour aller assommer quatre Iroquois, en un mot, des hommes qui n'en ont que la figure. Au lieu que nous avons nos aises, nos commodités, et mille plaisirs, qui font trouver les moments de la vie supportables ; il ne faut qu'être honnête homme et ne faire de mal à personne, pour n'être pas exposé à ces lois, qui ne sont sévères qu'envers les scélérats et les méchants.

Adario. – Vraiment, mon cher frère, tu aurais beau être honnête homme, si deux faux témoins avaient juré ta perte, tu verrais bien si les lois sont sévères ou non. Est-ce que les coureurs de bois ne m'ont pas cité vingt exemples de gens innocents que vos lois ont fait mourir cruellement, et dont on n'a reconnu l'innocence qu'après leur mort ? Je ne sais pas si cela est vrai ; mais je vois bien que cela peut être. Ne m'ont-ils pas dit encore (quoique je l'eusse ouï conter en France) qu'on fait souffrir des tourments épouvantables à de pauvres innocents pour leur faire avouer, par la violence des tortures, tout le mal qu'on veut qu'ils aient fait, et dix fois davantage ? Ô quelle tyrannie exécrable ! Cependant les Français prétendent être des hommes. Les femmes ne sont pas plus exemptes de cette horrible cruauté, et les uns et les autres aiment mieux mourir une fois, que cinquante ; ils ont raison. Que si, par une force de courage extraordinaire, ils peuvent souffrir ces tourments, sans avouer ce crime qu'ils n'ont pas commis, quelle santé, quelle vie leur en reste-t-il ? Non non, mon cher frère, les diables noirs, dont les Jésuites nous parlent tant, ne sont pas dans le pays où les âmes brûlent ; ils sont à Québec et en France, avec les lois, les faux témoins, les commodités de la vie, les villes, les forteresses et les plaisirs dont tu me viens de parler.[12]

Lahontan. – Les coureurs de bois, et les autres qui t'ont fait de semblables contes, sans te raconter[8] sur cela ce qu'ils ne connaissaient pas, sont des sots qui feraient mieux de se taire. Je veux t'expliquer l'affaire comme elle est. Supposons deux faux témoins qui témoignent contre un homme. On les met d'abord en deux chambres séparées, où ils ne peuvent ni se voir ni se parler. On les interroge ensuite diverses fois l'un après l'autre sur les mêmes déclarations qu'ils font contre l'accusé ; et les juges ont tant de conscience qu'ils emploient toute l'industrie possible pour découvrir si l'un des deux, ou tous les deux ensemble, ne se coupent point. Si par hasard on découvre de la fausseté dans leurs témoignages, ce qui est aisé à voir, on les fait mourir sans rémission. Mais s'il paraît qu'ils ne se contredisent en rien, on les présente devant l'accusé pour savoir s'il ne les récuse pas, et s'il se tient à leur conscience. S'il dit que oui, et qu'ensuite ces témoins jurent par le grand Dieu qu'ils ont vu tuer, violer, piller, etc., les juges le condamnent à mort. A l'égard de la torture, elle ne se donne que quand il ne se trouve qu'un seul témoin, parce qu'il ne suffit pas, les lois voulant que deux hommes soient une preuve suffisante, et qu'un seul homme soit une demi-preuve ; mais il faut que tu remarques que les juges prennent toute la précaution imaginable, de peur de rendre d'injustes jugements.

Adario. – Je suis aussi savant que je l'étais ; car au bout du compte, deux faux témoins s'entendent bien, avant que de se présenter, et la torture ne se donne pas moins par la déclaration d'un scélérat que par celle d'un honnête homme, qui, selon moi, cesserait de l'être par son témoignage, quoiqu'il eût vu le crime. Ah ! les bonnes gens que les Français, qui, bien loin de se sauver la vie les uns aux autres, comme frères, le pouvant faire, ne le font pas. Mais, dis-moi, que penses-tu de ces juges ? Est-il vrai qu'il y en ait de si ignorants comme on dit, et d'autres si méchants, que pour un ami, pour une courtisane, pour un grand seigneur, ou pour de l'argent, ils jugent injustement contre leurs consciences ? Je te vois déjà prêt de dire que cela est faux ; que les lois sont des choses justes et raisonnables. Cependant je sais que cela est aussi vrai que nous sommes ici. Car celui qui a raison de demander son bien à un autre qui le possède injustement, fait voir clair comme le jour la vérité de sa cause, n'attrape rien du tout, si ce seigneur, cette courtisane, cet ami et cet argent parlent pour sa partie aux juges qui doivent décider l'affaire[13]. Il en est de même pour les gens accusés de crime. Ah ! vivent les Hurons qui sans lois, sans prisons, et sans tortures, passent la vie dans la douceur, dans la tranquillité, et jouissent d'un bonheur inconnu aux Français. Nous vivons simplement sous les lois de l'instinct, et de la conduite innocente que la Nature sage nous a imprimée dès le berceau. Nous sommes tous d'accord, et conformes en volontés, opinions et sentiments. Ainsi, nous passons notre vie dans une si parfaite intelligence, qu'on ne voit parmi nous ni procès, ni dispute, ni chicanes. Ah ! malheureux, que vous êtes à plaindre d'être exposés à des lois auxquelles vos juges ignorants, injustes et vicieux contreviennent autant par leur conduite particulière qu'en l'administration de leurs charges. Ce sont là ces équitables juges qui manquent de droiture, qui ne rapportent leur emploi qu'à leurs intérêts, qui n'ont en vue que de s'enrichir, qui ne sont accessibles qu'au démon de l'argent, qui n'administrent la justice que par un principe d'avarice, ou par passion, qui autorisant le crime exterminent la justice et la bonne foi, pour donner cours à la tromperie, à la chicane, à la longueur des procès, à l'abus et à la violation des serments, et à une infinité d'autres désordres. Voilà ce que font ces grands souteneurs des belles lois de la nation française.

Lahontan. – Je t'ai déjà dit qu'il ne faut pas croire tout ce que les sottes gens disent ; tu t'amuses à des ignorants qui n'ont pas la teinture du sens commun, et qui te débitent des mensonges pour des vérités. Ces mauvais juges, dont ils t'ont parlé, sont aussi rares que les castors blancs. Car on n'en trouverait peut-être pas quatre dans toute la France. Ce sont des gens qui aiment la vertu, et qui ont une âme à sauver comme toi et moi ; qui en qualité de personnes publiques ont à répondre devant un juge qui n'a point d'égard à l'apparence des personnes, et devant lequel le plus grand des monarques n'est pas plus que le moindre des esclaves. Il n'y en a presque point qui n'aimât mieux mourir, que de blesser sa conscience et de violer les lois ; l'argent est de la boue pour eux, les femmes les échauffent moins que la glace, les amis et les grands seigneurs ont moins de pouvoir sur leur esprit que les vagues contre les rochers ; ils corrigent le libertinage, ils réforment les abus, et ils rendent la justice à ceux qui plaident, sans qu'aucun intérêt s'en mêle. Pour moi, j'ai perdu tout mon bien en perdant trois ou quatre procès à Paris, mais je serais bien fâché de croire qu'ils les ont mal jugés ; quoique mes parties, avec de très mauvaises causes, ne manquaient ni d'argent ni d'amis.

Ce sont les lois qui m'ont jugé, et les lois sont justes et raisonnables ; je croyais avoir raison parce que je ne les avais pas bien étudiées.

Adario. – Je t'avoue que je ne conçois rien à ce que tu me dis ; car enfin je sais le contraire, et ceux qui m'ont parlé des vices de ces juges sont assurément des gens d'esprit et d'honneur. Mais quand personne ne m'en aurait informé, je ne suis pas si grossier que je ne voie moi-même l'injustice des lois et des juges. Ecoute un peu, mon cher frère ; allant un jour de Paris à Versailles, je vis à moitié chemin un paysan qu'on allait fouetter pour avoir pris des perdrix et des lièvres à des lacets. J'en vis un autre entre La Rochelle et Paris qu'on condamna aux galères, parce qu'on le trouva saisi d'un petit sac de sel. Ces deux misérables hommes furent châtiés par ces injustes lois, pour vouloir faire subsister leurs pauvres familles ; pendant qu'un million de femmes font des enfants en l'absence de leurs maris ; que des médecins font mourir les trois quarts des hommes, et que les joueurs mettent leurs familles à la mendicité, en perdant tout ce qu'ils ont au monde, sans être châtiés. Où sont donc ces lois justes et raisonnables, où sont ces juges qui ont une âme à garder comme toi et moi ? Après cela tu oses encore dire que les Hurons sont des bêtes ! Vraiment, ce serait quelque chose de beau si nous allions châtier un de nos frères pour des lièvres et pour des perdrix ! Ce serait encore une belle chose entre nous, de voir nos femmes multiplier le nombre de nos enfants pendant que nous allons en guerre contre nos ennemis, des médecins empoisonner nos familles, et des joueurs perdre les castors de leurs chasses ; ce sont pourtant des bagatelles en France qui ne sont point sujettes aux belles lois des Français. En vérité, il y a bien de l'aveuglement dans l'esprit de ceux qui nous connaissent et ne nous imitent pas.

Lahontan. – Tout beau, mon cher ami, tu vas trop vite, crois-moi, tes connaissances sont si bornées, comme je t'ai déjà dit, que la portée de ton esprit n'envisage que l'apparence des choses. Si tu voulais entendre raison, tu concevrais d'abord que nous n'agissons que sur de bons principes, pour le maintien de la société. Il faut que tu saches que les lois condamnent les gens qui tombent dans les cas que tu viens de citer, sans en excepter aucun. Premièrement les lois défendent aux paysans de tuer ni lièvres ni perdrix, surtout aux environs de Paris ; parce qu'ils en dépeupleraient le royaume, s'il leur était permis de chasser. Ces gens-là ont reçu de leurs seigneurs les terres dont ils jouissent, et ceux-ci se sont réservé la chasse, comme leurs maîtres. Les paysans leur font un vol, et contreviennent en même temps à la défense établie par les lois. De même ceux qui transportent du sel, parce que c'est un droit qui appartient directement au roi. A l'égard des femmes et des joueurs, dont tu viens de parler, il faut que tu croies qu'on les renferme dans des prisons et dans des couvents, d'où ni les uns ni les autres ne sortent jamais. Pour ce qui est des médecins, il ne serait pas juste de les maltraiter, car de deux cents malades ils n'en tuent pas deux, ils font ce qu'ils peuvent pour nous guérir. Il faut bien que les vieillards et les gens usés finissent. Néanmoins quoique nous ayons tous affaire de ces docteurs, s'il était prouvé qu'ils eussent fait mourir quelqu'un par ignorance, ou par malice, les lois ne les épargneraient pas plus que les autres, et les condamneraient à des prisons perpétuelles, et, peut-être, à quelque chose de pis.

Adario. – Il faudrait bien des prisons si ces lois étaient observées ; mais je vois bien que tu ne dis pas tout, et que tu serais fâché de pousser la chose plus loin, de peur de trouver mes raisons sans réplique. Venons-en maintenant à ces deux hommes qui se sauvèrent l'année passée à Québec, pour n'être pas brûlés en France, et disons, en examinant le crime dont on les accuse, qu'il y a de bien sottes lois en Europe. Eh bien ces deux Français sont de prétendus magiciens *jongleurs*, on les accuse d'avoir *jonglé*, quel mal ont-ils fait ? Ces pauvres gens ont peut-être eu quelque maladie, qui leur a laissé cette folie, comme il arrive parmi nous. Dis-moi un peu, je te prie, quel mal font nos *jongleurs* ? Ils s'enferment seuls dans une petite cabane lorsqu'on leur recommande quelque malade, ils y chantent, ils crient, ils dansent, ils disent cent extravagances ; ensuite ils font connaître aux parents du malade qu'il faut faire un festin pour consoler le malade, soit de viande, soit de poisson, selon le goût de ce *jongleur*, qui n'est qu'un médecin imaginaire, dont l'esprit est troublé par l'accident de quelque fièvre chaude qu'il a essuyée. Tu vois bien que nous nous raillons d'eux en leur absence, et que nous connaissons leur fourberie ; tu sais encore qu'ils sont comme des insensés dans leurs actions, comme dans leurs paroles, qu'ils ne vont ni à la chasse ni à la guerre. Pourquoi brûlerions-nous les pauvres gens qui parmi vous ont le même malheur ?

Lahontan. – Il y a bien de la différence de nos *jongleurs* aux vôtres ; car ceux parmi nous qui le sont parlent avec le méchant Esprit, font des festins avec lui, toutes les nuits ; ils empêchent un mari de caresser sa femme par leurs sortilèges ; ils corrompent aussi les filles sages et vertueuses par un charme qu'ils mettent dans ce qu'elles doivent boire ou manger. Ils empoisonnent les bestiaux, ils font périr les biens de la terre, mourir les hommes en langueur, blesser les femmes grosses ; et cent autres maux que je ne te raconte pas. Ces gens-là s'appellent enchanteurs et sorciers, mais il y en a d'autres encore plus méchants, ce sont les magiciens. Ils ont des conversations familières avec le méchant Esprit, ils le font voir à ceux qui en ont la curiosité sous telle figure qu'ils veulent. Ils ont des secrets pour faire gagner au jeu et enrichir ceux à qui ils les donnent. Ils devinent ce qui doit arriver ; ils ont le pouvoir de se métamorphoser en toutes sortes d'animaux, et de figures les plus horribles ; ils vont en certaines maisons faire des hurlements affreux mêlés de cris et de plaintes effroyables, ils y paraissent tous en feux plus hauts que des arbres, traînant des chaînes aux pieds, portant des serpents dans la main ; enfin ils épouvantent tellement les gens, qu'on est obligé d'aller chercher les prêtres pour les exorciser, croyant que ce sont des âmes qui viennent du purgatoire en ce monde, y demander quelques messes, dont elles ont besoin pour aller jouir de la vue de Dieu. Il ne faut donc pas que tu t'étonnes si on les fait brûler sans rémission, selon les lois dont nous parlons.

Adario. – Quoi ! serait-il possible que tu croies ces bagatelles ? Il faut assurément que tu railles, pour voir ce que je répondrai. C'est apparemment de ces contes que j'ai vus dans les fables d'Esope, livres où les animaux parlent. Il y a ici des coureurs de bois qui les lisent tous les jours, et je me trompe fort si ce que tu viens de me raconter n'y est écrit. Car il faudrait être fou pour croire sérieusement que le méchant Esprit, supposé qu'il y en ait un, tel que les Jésuites me l'ont dépeint, eût le pouvoir de venir sur la terre. Si cela était, il y ferait assez de mal lui-même, sans le faire faire à ces sorciers, et s'il se communiquait à un homme il se communiquerait bien à d'autres ; et comme il y a plus de méchants hommes que de bons parmi vous, il n'y en a pas un qui ne voulût être sorcier ; alors tout serait perdu, le monde serait renversé, en un mot ce serait un désordre irrémédiable. Sais-tu bien, mon frère, que c'est faire tort au grand Esprit de croire ces sottises. Car c'est l'accuser d'autoriser les méchancetés et d'être la cause directe de toutes celles que tu viens de raconter, en permettant à ce méchant Esprit de sortir de l'enfer. Si le grand Esprit est si bon que nous le savons toi et moi, il serait plus croyable qu'il envoyât de bonnes âmes sous d'agréables figures, reprocher aux hommes leurs mauvaises actions et les inviter à l'amiable de pratiquer la vertu, en leur faisant une peinture du bonheur des âmes qui sont heureuses dans le bon pays où elles sont. A l'égard de celles qui sont dans le purgatoire (si tant est qu'il y ait un tel lieu), il me semble que le grand Esprit n'a guère besoin d'être prié par des gens qui ont assez affaire de prier pour eux-mêmes ; et qu'il pourrait bien leur donner la permission d'aller au ciel, s'il leur accorde celle de venir sur la terre. Ainsi, mon cher frère, si tu me parles sérieusement de ces choses, je croirai que tu rêves, ou que tu as perdu le sens. Il faut qu'il y ait quelque autre méchanceté dans l'accusation de ces deux *jongleurs*, ou bien vos lois et vos juges sont aussi fort déraisonnables. La conclusion que je tirerais de ces méchancetés, si elles étaient vraies, c'est que puisqu'on ne voit rien de semblable chez aucun peuple du Canada, il faut absolument que ce méchant Esprit ait un pouvoir sur vous, qu'il n'a pas sur nous. Cela étant, nous sommes donc de bonnes gens, et vous, tout au contraire pervers, malicieux et adonnés à toutes sortes de vices et de méchancetés. Mais finissons, je te prie, sur cette matière, dont je ne veux entendre aucune réplique ; et dis-moi, à propos de lois, pourquoi elles souffrent qu'on vende les filles pour l'argent, à ceux qui veulent s'en servir ? Pourquoi on permet certaines maisons publiques, où les putains et les maquerelles s'y trouvent à toute heure pour toute sorte de gens ? Pourquoi on permet de porter l'épée aux uns, pour tuer ceux à qui il est défendu d'en porter ? Pourquoi permet-on encore de vendre du vin au-dessus de certaine quantité, et dans lequel on met mille drogues qui ruinent la santé ? Ne vois-tu pas les malheurs qui arrivent ici, comme à Québec, par les ivrognes ? Tu me répondras, comme d'autres ont déjà fait, qu'il est permis au cabaretier de vendre le plus de marchandise qu'il peut pour gagner sa vie, que celui qui boit doit se conduire lui-même, et se modérer sur toutes choses. Mais je te prouverai que cela est impossible, parce qu'on a perdu la raison avant qu'on puisse s'en apercevoir ; ou du moins elle demeure si affaiblie, qu'on ne connaît plus ce qu'on doit faire. Pourquoi ne défend-on pas aussi les jeux excessifs qui traînent mille maux après eux ? Les pères ruinent leurs familles (comme je l'ai déjà dit), les enfants volent leurs pères ou les endettent ; les filles et les femmes se vendent quand elles ont perdu leur argent, après avoir consumé leurs meubles et leurs habits ; de là viennent des disputes, des meurtres, des inimitiés et des haines irréconciliables. Voilà, mon frère, des défenses inutiles chez les Hurons, mais qu'on devrait bien faire dans le pays des Français ; ainsi peu à peu réformant les abus que l'intérêt a introduits parmi vous, j'espérerais que vous pourriez un jour vivre sans lois, comme nous faisons .

Lahontan. – Je t'ai déjà dit une fois, qu'on châtiait les joueurs ; on en use de même avec les maquereaux et les courtisanes, surtout envers les cabaretiers, lorsqu'il arrive du désordre chez eux. La différence qu'il y a, c'est que nos villes sont si grandes et si peuplées, qu'il n'est pas facile aux juges de découvrir les méchancetés qu'on y fait. Mais cela n'empêche pas que les lois ne les défendent, et on fait tout ce qu'on peut pour remédier à ces maux. En un mot, on travaille avec tant de soin et d'application à détruire les mauvaises coutumes, à établir le bel ordre partout, à punir le vice, et à récompenser le mérite, que, pour peu que tu voulusses te défaire de tes mauvais préjugés, et considérer à fond l'excellence de nos lois, tu serais obligé d'avouer que les Français sont gens équitables, judicieux et savants, qui suivent mieux que vous autres les véritables règles de la Justice et de la Raison.

Adario. – Je voudrais bien avoir occasion de le croire avant que de mourir, car j'aime naturellement les bons Français ; mais j'appréhende bien de n'avoir pas cette consolation. Il faut donc que vos juges commencent les premiers à suivre les lois, pour donner exemple aux autres, qu'ils cessent d'opprimer les veuves, les orphelins et les misérables ; qu'ils ne fassent pas languir les procès des plaideurs qui font des voyages de cent lieues ; en un mot, qu'ils jugent les causes de la même manière que le grand Esprit les jugera. Que vos lois diminuent les tributs et les impositions que les pauvres gens sont obligés de payer, pendant que les riches de tous états ne paient rien à proportion des biens qu'ils possèdent. Il faut encore que vous défendiez aux coureurs de bois d'apporter de l'eau-de-vie dans nos villages, pour arrêter le cours des ivrogneries qui s'y font. Alors j'espérerai que peu à peu vous vous perfectionnerez, que l'égalité des biens pourra venir peu à peu et qu'à la fin vous détesterez cet intérêt qui cause tous les maux qu'on voit en Europe. Ainsi, n'ayant ni *tien* ni *mien*, vous vivrez avec la même félicité des Hurons[14]. C'en est assez pour aujourd'hui. Voilà mon esclave qui vient m'avertir qu'on m'attend au village. Adieu, mon cher frère, jusqu'à demain.

[DU BONHEUR.]

Lahontan. – Il me semble, mon cher ami, que tu ne viendrais pas de si bonne heure chez moi, si tu n'avais envie de disputer encore. Pour moi, je te déclare que je ne veux plus entrer en matière avec toi, puisque tu n'es pas capable de concevoir mes raisonnements ; tu es si fort prévenu en faveur de ta nation, si fort préoccupé de tes manières sauvages, et si peu porté à examiner les nôtres comme il faut, que je ne daignerais plus me tuer le corps et l'âme pour te faire connaître l'ignorance et la misère, dans lesquelles on voit que les Hurons ont toujours vécu. Je suis ton ami, tu le sais ; ainsi je n'ai d'autre intérêt que celui de te montrer le bonheur des Français ; afin que tu vives comme eux, aussi bien que le reste de ta nation. Je t'ai dit vingt fois que tu t'attaches à considérer la vie de quelques méchants Français, pour mesurer tous les autres à leur aune ; je t'ai fait voir qu'on les châtiait ; tu ne te paies pas de ces raisons-là, tu t'obstines par des réponses injurieuses à me dire que nous ne sommes rien moins que des hommes. Au bout du compte je suis las d'entendre des pauvretés de la bouche d'un homme que tous les Français regardent comme un très habile personnage. Les gens de ta nation t'adorent, tant par ton esprit, que par ton expérience et ta valeur. Tu es chef de guerre et chef de conseil ; et sans te flatter, je n'ai guère vu de gens au monde plus vifs et plus pénétrants que tu l'es ; ce qui fait que je te plains de tout mon cœur, de ne vouloir pas te défaire de tes préjugés.

Adario. – Tu as tort, mon cher frère, en tout ce que tu dis, car je ne me suis formé aucune fausse idée de votre religion ni de vos lois ; l'exemple de tous les Français en général m'engagera toute ma vie à considérer toutes leurs actions comme indignes de l'homme. Ainsi mes idées sont justes, mes préjugés sont bien fondés, je suis prêt à prouver ce que j'avance. Nous avons parlé de religion et de lois, je ne t'ai répondu que le quart de ce que je pensais sur toutes les raisons que tu m'as alléguées ; tu blâmes notre manière de vivre ; les Français en général nous prennent pour des bêtes, les Jésuites nous traitent d'impies, de fous, d'ignorants et de vagabonds : et nous vous regardons tout sur le même pied. Avec cette différence que nous nous contentons de vous plaindre, sans vous dire des injures. Ecoute, mon cher frère, je te parle sans passion ; plus je réfléchis à la vie des Européens et moins je trouve de bonheur et de sagesse parmi eux. Il y a six ans que je ne fais que penser à leur état. Mais je ne trouve rien dans leurs actions qui ne soit au-dessous de l'homme, et je regarde comme impossible que cela puisse être autrement, à moins que vous ne veuilliez vous réduire à vivre sans le *tien* et le *mien*, comme nous faisons. Je dis donc que ce que vous appelez argent, est le démon des démons, le tyran des Français ; la source des maux ; la perte des âmes et le sépulcre des vivants. Vouloir vivre dans les pays de l'argent et conserver son âme, c'est vouloir se jeter au fond du lac pour conserver sa vie ; or ni l'un ni l'autre ne se peuvent. Cet argent est le père de la luxure, de l'impudicité, de l'artifice, de l'intrigue, du mensonge, de la trahison, de la mauvaise foi, et généralement de tous les maux qui sont au monde. Le père vend ses enfants, les maris vendent leurs femmes, les femmes trahissent leurs maris, les frères se tuent, les amis se trahissent, et tout pour de l'argent. Dis-moi, je te prie, si nous avons tort après cela, de ne vouloir point manier, ni même voir ce maudit argent.

Lahontan. – Quoi, sera-t-il possible que tu raisonneras toujours si sottement ! Au moins écoute une fois en ta vie avec attention ce que j'ai envie de te dire. Ne vois-tu pas bien, mon ami, que les nations de l'Europe ne pourraient pas vivre sans l'or et l'argent, ou quelque autre chose précieuse ? Déjà les gentilshommes, les prêtres, les marchands et mille autres sortes de gens qui n'ont pas la force de travailler à la terre, mourraient de faim. Comment nos rois seraient-ils rois ? Quels soldats auraient-ils ? Qui est celui qui voudrait travailler pour eux, ni pour qui que ce soit ? Qui est celui qui se risquerait sur la mer ? Qui est celui qui fabriquerait des armes pour d'autres que pour soi ? Crois-moi, nous serions perdus sans ressource, ce serait un chaos en Europe, une confusion, la plus épouvantable qui se puisse imaginer[15].

Adario. – Vraiment tu fais là de beaux contes, quand tu parles des gentilshommes, des marchands et des prêtres ! Est-ce qu'on en verrait s'il n'y avait ni *tien* ni *mien* ? Vous seriez tous égaux, comme les Hurons le sont entre eux. Ce ne serait que les trente premières années après le bannissement de l'intérêt qu'on verrait une étrange désolation ; car ceux qui ne sont propres qu'à boire, manger, dormir, et se divertir, mourraient en langueur ; mais leurs descendants vivraient comme nous. Nous avons assez parlé des qualités qui doivent composer l'homme intérieurement, comme sont la sagesse, la raison, l'équité, etc., qui se trouvent chez les Hurons. Je t'ai fait voir que l'intérêt les détruit toutes, chez vous ; que cet obstacle ne permet pas à celui qui connaît cet intérêt d'être homme raisonnable. Mais voyons ce que l'homme doit être extérieurement. Premièrement, il doit savoir marcher, chasser, pêcher, tirer un coup de flèche ou de fusil, savoir conduire un canot, savoir faire la guerre, connaître les bois, être infatigable, vivre de peu dans l'occasion, construire des cabanes et des canots, faire, en un mot, tout ce qu'un Huron fait. Voilà ce que j'appelle un homme. Car dis-moi, je te prie, combien de millions de gens y a-t-il en Europe, qui, s'ils étaient trente lieues dans des forêts, avec un fusil ou des flèches, ne pourraient ni chasser de quoi se nourrir, ni même trouver le chemin d'en sortir. Tu vois que nous traversons cent lieues de bois sans nous égarer, que nous tuons les oiseaux et les animaux à coups de flèches, que nous prenons du poisson partout où il s'en trouve, que nous suivons les hommes et les bêtes fauves à la piste, dans les prairies et les bois, l'été comme l'hiver, que nous vivons de racines, quand nous sommes aux portes des Iroquois, que nous savons manier la hache et le couteau, pour faire mille ouvrages nous-mêmes. Car, si nous faisons toutes ces choses, pourquoi ne les feriez-vous pas comme nous ? N'êtes-vous pas aussi grands, aussi forts, et aussi robustes ? Vos artisans ne travaillent-ils pas à des ouvrages incomparablement plus difficiles et plus rudes que les nôtres ? Vous vivriez tous de cette manière-là, vous seriez tous aussi grands maîtres les uns que les autres. Votre richesse serait, comme la nôtre, d'acquérir de la gloire dans le métier de la guerre, plus on prendrait d'esclaves, moins on travaillerait ; en un mot, vous seriez aussi heureux que nous.

Lahontan. – Appelles-tu heureux d'être obligé de gîter sous une misérable cabane d'écorce, de dormir sur quatre mauvaises couvertures de castor, de ne manger que du rôti et du bouilli, d'être vêtu de peaux, d'aller à la chasse des castors dans la plus rude saison de l'année ; de faire trois cents lieues à pied dans des bois épais, abattus et inaccessibles, pour chercher les Iroquois ; aller dans de petits canots, se risquer à périr chaque jour dans vos grands lacs, quand vous voyagez ; coucher sur la dure à la belle étoile, lorsque vous approchez des villages de vos ennemis ; être contraints le plus souvent de courir sans boire ni manger, nuit et jour, à toute jambe, l'un deçà, l'autre delà, quand ils vous poursuivent ; d'être réduits à la dernière des misères, si par amitié et par commisération les coureurs de bois n'avaient la charité de vous porter des fusils, de la poudre, du plomb, du fil à faire des filets, des haches, des couteaux, des aiguilles, des alênes, des hameçons, des chaudières, et plusieurs autres marchandises.

Adario. – Tout beau, n'allons pas si vite, le jour est long, nous pouvons parler à loisir, l'un après l'autre. Tu trouves, à ce que je vois, toutes ces choses bien dures. Il est vrai qu'elles le seraient extrêmement pour ces Français, qui ne vivent, comme les bêtes, que pour boire et manger ; et qui n'ont été élevés que dans la mollesse : mais dis-moi, je t'en conjure, quelle différence il y a de coucher sous une bonne cabane, ou sous un palais ; de dormir sur des peaux de castors, ou sur des matelas entre deux draps ; de manger du rôti et du bouilli, ou de sales pâtés et ragoûts, apprêtés par des marmitons crasseux ? En sommes-nous plus malades ou plus incommodés que les Français qui ont ces palais, ces lits, et ces cuisiniers ? Eh ! combien y en a-t-il parmi vous, qui couchent sur la paille, sous des toits ou des greniers que la pluie traverse de toutes parts, et qui ont de la peine à trouver du pain et de l'eau ? J'ai été en France, j'en parle pour l'avoir vu. Tu critiques nos habits de peaux, sans raison, car ils sont plus chauds et résistent mieux à la pluie que vos draps ; outre qu'ils ne sont pas si ridiculement faits que les vôtres, auxquels on emploie, soit aux poches, ou aux côtés, autant d'étoffe qu'au corps de l'habit. Revenons à la chasse du castor durant l'hiver, que tu regardes comme une chose affreuse, pendant que nous y trouvons toute sorte de plaisirs et les commodités d'avoir toutes sortes de marchandises pour leurs peaux. Déjà nos esclaves ont la plus grande peine (si tant est qu'il y en ait) ; tu sais que la chasse est le plus agréable divertissement que nous ayons : celle de ces animaux étant tout à fait plaisante, nous l'estimons aussi plus que toute autre. Nous faisons, dis-tu, une guerre pénible ; j'avoue que les Français y périraient, parce qu'ils ne sont pas accoutumés à faire de si grands voyages à pied ; mais ces courses ne nous fatiguent nullement ; il serait à souhaiter pour le bien du Canada que vous eussiez nos talents. Les Iroquois ne vous égorgeraient pas, comme ils font tous les jours, au milieu de vos habitations. Tu trouves aussi que le risque de nos petits canots dans nos voyages est une suite de nos misères ; il est vrai que nous ne pouvons pas quelquefois nous dispenser d'aller en canot, puisque nous n'avons pas l'industrie de bâtir des vaisseaux ; mais ces grands vaisseaux que vous faites ne périssent pas moins que nos canots. Tu nous reproches encore que nous couchons sur la dure à la belle étoile, quand nous sommes au pied des villages des Iroquois ; j'en conviens ; mais aussi je sais bien que les soldats en France ne sont pas si commodément que les tiens sont ici, et qu'ils sont bien contraints de se gîter dans les marais et dans les fossés à la pluie et au vent. Nous nous enfuyons, ajoutes-tu, à toute jambe ; il n'y a rien de si naturel, quand le nombre des ennemis est triple, que de s'enfuir ; à la vérité la fatigue de courir nuit et jour, sans manger, est terrible, mais il vaut mieux prendre ce parti que d'être esclave. Je crois que ces extrémités seraient horribles pour des Européens, mais elles ne sont quasi rien à notre égard. Tu finis en concluant que les Français nous tirent de la misère par la pitié qu'ils ont de nous. Et comment faisaient nos pères, il y a cent ans, en vivaient-ils moins sans leurs marchandises ? Au lieu de fusils, de poudre, et de plomb, ils se servaient de l'arc et des flèches, comme nous faisons encore. Ils faisaient des rets avec du fil d'écorce d'arbre ; ils se servaient de haches de pierre ; ils faisaient des couteaux, des aiguilles, des alènes, etc., avec des os de cerf ou d'élan ; au lieu de chaudière on prenait des pots de terre. Si nos pères se sont passés de toutes ces marchandises tant de siècles, je crois que nous pourrions bien nous en passer plus facilement que les Français ne se passeraient de nos castors, en échange desquels, par bonne amitié, ils nous donnent des fusils qui estropient, en crevant, plusieurs guerriers, des haches qui cassent en taillant un arbrisseau, des couteaux qui s'émoussent en coupant une citrouille, du fil à moitié pourri, et de si méchante qualité que nos filets sont plus tôt usés qu'achevés ; des chaudières si minces que la seule pesanteur de l'eau en fait sauter le fond. Voilà, mon frère, ce que j'ai à te répondre sur les misères des Hurons.

Lahontan. – Eh bien, tu veux donc que je croie les Hurons insensibles à leurs peines et à leurs travaux, et qu'ayant été élevés dans la pauvreté et les souffrances, ils les envisagent d'un autre œil que nous ; cela est bon pour ceux qui n'ont jamais sorti de leur pays, qui ne connaissent point de meilleure vie que la leur, et qui n'ayant jamais été dans nos villes, s'imaginent que nous vivons comme eux ; mais pour toi qui as été en France, à Québec, et dans la Nouvelle-Angleterre, il me semble que ton goût et ton discernement sont bien sauvages, de ne pas trouver l'état des Européens préférable à celui des Hurons. Y a-t-il de vie plus agréable et plus délicieuse au monde, que celle d'un nombre infini de gens riches à qui rien ne manque ? Ils ont de beaux carrosses, de belles maisons ornées de tapisseries et de tableaux magnifiques ; de beaux jardins où se cueillent toutes sortes de fruits, des parcs où se trouvent toutes sortes d'animaux ; des chevaux et des chiens pour chasser, de l'argent pour faire grosse chère, pour aller aux comédies et aux jeux, pour marier richement leurs enfants ; ces gens sont adorés de leurs dépendants. N'as-tu pas vu nos princes, nos ducs, nos maréchaux de France, nos prélats et un million de gens de toutes sortes d'états qui vivent comme des rois, à qui rien ne manque, et qui ne se souviennent d'avoir vécu que quand il faut mourir ?

Adario. – Si je n'étais pas si informé que je le suis de tout ce qui se passe en France, et que mon voyage à Paris ne m'eût pas donné tant de connaissances et de lumières, je pourrais me laisser aveugler par ces apparences extérieures de félicité, que tu me représentes ; mais ce prince, ce duc, ce maréchal et ce prélat, qui sont les premiers que tu me cites, ne sont rien moins qu'heureux, à l'égard de Hurons, qui ne connaissent d'autre félicité que la tranquillité d'âme, et la liberté. Or ces grands seigneurs se haïssent intérieurement les uns les autres, ils perdent le sommeil, le boire et le manger pour faire leur cour au roi, pour faire des pièces à leurs ennemis ; ils se font des violences si fort contre nature, pour feindre, déguiser, et souffrir, que la douleur que l'âme en ressent surpasse l'imagination. N'est-ce rien, à ton avis, mon cher frère, que d'avoir cinquante serpents dans le cœur ? Ne vaudrait-il pas mieux jeter carrosses, dorures, palais, dans la rivière, que d'endurer toute sa vie tant de martyres ? Sur ce pied-là, j'aimerais mieux si j'étais à leur place être Huron, avoir le corps nu, et l'âme tranquille. Le corps est le logement de l'âme, qu'importe que ce corps soit doré, étendu dans un carrosse, assis à une table, si cette âme le tourmente, l'afflige et le désole ? Ces grands seigneurs, dis-je, sont exposés à la disgrâce du roi, à la médisance de mille sortes de personnes, à la perte de leurs charges, au mépris de leurs semblables ; en un mot leur vie molle est traversée par l'ambition, l'orgueil, la présomption et l'envie. Ils sont esclaves de leurs passions, et de leur roi, qui est l'unique Français heureux, par rapport à cette adorable liberté dont il jouit tout seul[16]. Tu vois que nous sommes un millier d'hommes dans notre village, que nous nous aimons comme frères ; que ce qui est à l'un est au service de l'autre ; que les chefs de guerre, de nation et de conseil, n'ont pas plus de pouvoir que les autres Hurons ; qu'on n'a jamais vu de querelles ni de médisance parmi nous ; qu'enfin chacun est maître de soi-même, et fait tout ce qu'il veut, sans rendre compte à personne, et sans qu'on y trouve à redire. Voilà, mon frère, la différence qu'il y a de nous à ces princes, à ces ducs, etc., laissant à part tous ceux qui étant au-dessous d'eux doivent, par conséquent, avoir plus de peines, de chagrin et d'embarras.

Lahontan. – Il faut que tu croies, mon cher ami, que comme les Hurons sont élevés dans la fatigue et dans la misère, ces grands seigneurs le sont de même dans le trouble, dans l'ambition, et ils ne vivraient pas sans cela ; et comme le bonheur ne consiste que dans l'imagination, ils se nourrissent de vanité. Chacun d'eux s'estime dans le cœur autant que le roi. La tranquillité d'âme des Hurons n'a jamais voulu passer en France, de peur qu'on ne l'enfermât aux Petites Maisons[17]. Etre tranquille en France c'est être fou, c'est être insensible, indolent. Il faut toujours avoir quelque chose à souhaiter pour être heureux ; un homme qui saurait se borner serait Huron. Or personne ne le veut être ; la vie serait ennuyeuse si l'esprit ne nous portait à désirer à tout moment quelque chose de plus que ce que nous possédons : et c'est ce qui fait le bonheur de la vie, pourvu que ce soit par des voies légitimes.

Adario. – Quoi ! n'est-ce pas plutôt mourir en vivant, que de tourmenter son esprit à toute heure, pour acquérir des biens, ou des honneurs, qui nous dégoûtent dès que nous en jouissons ? d'affaiblir son corps et d'exposer sa vie pour former des entreprises qui échouent le plus souvent ? Et puis tu me viendras dire que ces grands seigneurs sont élevés dans l'ambition, et dans le trouble, comme nous dans le travail et la fatigue. Belle comparaison pour un homme qui sait lire et écrire ! Dis-moi, je te prie, ne faut-il pas, pour se bien porter, que le corps travaille et que l'esprit se repose ? au contraire, pour détruire sa santé, que le corps se repose, et que l'esprit agisse ? Qu'avons-nous au monde de plus cher que la vie ? Pourquoi n'en pas profiter ? Les Français détruisent leur santé par mille causes différentes ; et nous conservons la nôtre jusqu'à ce que nos corps soient usés parce que nos âmes, exemptes de passions ne peuvent altérer ni troubler nos corps. Mais enfin les Français hâtent le moment de leur mort par des voies légitimes ; voilà ta conclusion ; elle est belle, assurément, et digne de remarque ! Crois-moi, mon cher frère, songe à te faire Huron pour vivre longtemps. Tu boiras, tu mangeras, tu dormiras, et tu chasseras en repos ; tu seras délivré des passions qui tyrannisent les Français ; tu n'auras que faire d'or, ni d'argent, pour être heureux ; tu ne craindras ni voleurs, ni assassins, ni faux témoins ; et si tu veux devenir le roi de tout le monde, tu n'auras qu'à t'imaginer de l'être, et tu le seras.

Lahontan. – Ecoute, il faudrait pour cela que j'eusse commis en France de si grands crimes qu'il ne me fût permis d'y revenir que pour y être brûlé ; car, après tout, je ne vois point de métamorphose plus extravagante à un Français que celle de Huron. Est-ce que je pourrais résister aux fatigues dont nous avons parlé ? Aurais-je la patience d'entendre les sots raisonnements de vos vieillards et de vos jeunes gens, comme vous faites, sans les contredire ? Pourrais-je vivre de bouillons, de pain, de blé d'Inde, de rôti et bouilli, sans poivre ni sel ? Pourrais-je me colorer le visage de vingt sortes de couleurs, comme un fou ? Ne boire que de l'eau d'érable ? Aller tout nu durant l'été, me servir de vaisselle de bois ? M'accommoderais-je de vos repas continuels, où trois ou quatre cents personnes se trouvent pour y danser deux heures devant et après ? Vivrais-je avec des gens sans civilité, qui, pour tout compliment, ne savent qu'un *je t'honore* ? Non, mon cher Adario, il est impossible qu'un Français puisse être Huron ; au lieu que le Huron se peut aisément faire Français.

Adario. – A ce compte-là tu préfères l'esclavage à la liberté ; je n'en suis pas surpris, après toutes les choses que tu m'a soutenues. Mais si, par hasard, tu rentrais en toi-même, et que tu ne fusses pas si prévenu en faveur des mœurs et des manières des Français, je ne vois pas que les difficultés dont tu viens de faire mention, fussent capables de t'empêcher de vivre comme nous. Quelle peine trouves-tu d'approuver les contes des vieilles gens, comme des jeunes ? N'as-tu pas la même contrainte quand les Jésuites et les gens qui sont au-dessus de toi, disent des extravagances ? Pourquoi ne vivrais-tu pas de bouillons de toutes sortes de bonnes viandes ? Les perdrix, poulets d'Inde, lièvres, canards, chevreuils ne sont-ils pas bons rôtis et bouillis ? A quoi servent le poivre, le sel et mille autres épiceries, si ce n'est à ruiner la santé ? Au bout de quinze jour tu ne songerais plus à ces drogues. Quel mal te feraient les couleurs sur le visage ? Tu te mets bien de la poudre et de l'essence aux cheveux, et même sur les habits ? N'ai-je pas vu des Français qui portent des moustaches, comme les chats, toutes couvertes de cire ? Pour la boisson d'eau d'érable, elle est douce, salutaire, de bon goût et fortifie la poitrine : je t'en ai vu boire plus de quatre fois. Au lieu que le vin et l'eau-de-vie détruisent la chaleur naturelle, affaiblissent l'estomac, brûlent le sang, enivrent, et causent mille désordres. Quelle peine aurais-tu d'aller nu pendant qu'il fait chaud ? Au moins tu vois que nous ne le sommes pas tant que nous n'ayons le devant et le derrière couverts. Il vaut bien mieux aller nu que de suer continuellement sous le fardeau de tant de vêtements, les uns sur les autres. Quel embarras trouves-tu encore de manger, chanter et danser en bonne compagnie ? Cela ne vaut-il pas mieux que d'être seul à table, ou avec des gens qu'on n'a jamais ni vus ni connus ? Il ne resterait donc plus qu'à vivre sans compliments, avec des gens incivils. C'est une peine qui te paraît assez grande, qui cependant ne l'est point. Dis-moi, la civilité ne se réduit-elle pas à la bienséance et à l'affabilité ? Qu'est-ce que la bienséance ? N'est-ce pas une gêne perpétuelle et une affectation fatigante dans ses paroles, dans ses habits, et dans sa contenance ? Pourquoi donc aimer ce qui embarrasse ? Qu'est-ce que l'affabilité ? N'est-ce pas assurer les gens de notre bonne volonté à leur rendre service, par des caresses[18] et d'autres signes extérieurs ? Comme quand vous dites à tout moment, *Monsieur, je suis votre serviteur, vous pouvez disposer de moi.* A quoi toutes ces paroles aboutissent-elles ? Pourquoi mentir à tout propos, et dire le contraire de ce qu'on pense ? Ne te semble-t-il pas mieux de parler comme ceci : *Te voilà donc, sois le bienvenu, car je t'honore.* N'est-ce pas une grimace effroyable, que de plier dix fois son corps, baisser la main jusqu'à terre, de dire à tous moments, *Je vous demande pardon*, à vos princes, à vos ducs, et autres dont nous venons de parler ? Sache, mon frère, que ces seules soumissions me dégoûteraient entièrement de vivre à l'européenne, et puis tu me viendras dire qu'un Huron se ferait aisément Français ! Il trouverait bien d'autres difficultés que celles que tu viens de dire. Car supposons que dès demain je me fisse Français, il faudrait commencer par être chrétien, c'est un point dont nous parlâmes assez il y a trois jours. Il faudrait me faire faire la barbe tous les trois jours, car apparemment dès que je serais Français, je deviendrais velu et barbu comme une bête ; cette seule incommodité me paraît rude. N'est-il pas plus avantageux de n'avoir jamais de barbe, ni de poil au corps ? As-tu vu jamais de sauvage qui en ait eu ? Pourrais-je m'accoutumer à passer deux heures à m'habiller, à m'accommoder, à mettre un habit bleu, des bas rouges, un chapeau noir, un plumet blanc, et des rubans verts ? Je me regarderais moi-même comme un fou. Et comment pourrais-je chanter dans les rues, danser devant les miroirs, jeter ma perruque tantôt devant, tantôt derrière ? Et comment me réduirais-je à faire des révérences et des prosternations à de superbes fous, en qui je ne connaîtrais d'autre mérite que celui de leur naissance et de leur fortune ? Comment verrais-je languir les nécessiteux, sans leur donner tout ce qui serait à moi ? Comment porterais-je l'épée sans exterminer un tas de scélérats qui jettent aux galères mille pauvres étrangers, les Algériens, Salteins, Tripolins, Turcs qu'on prend sur leurs côtes, et qu'on vient vendre à Marseille pour les galères, qui n'ayant jamais fait de mal à personne sont enlevés impitoyablement de leur pays natal, pour maudire, mille fois le jour, dans les chaînes, père et mère, vie, naissance, l'univers et le grand Esprit. Ainsi languissent les Iroquois qu'on y envoya il y a deux ans. Me serait-il possible de faire ni dire du mal de mes amis, de caresser mes ennemis, de m'enivrer par compagnie, de mépriser et bafouer les malheureux, d'honorer les méchants et de traiter avec eux ; de me réjouir du mal d'autrui, de louer un homme de sa méchanceté ; d'imiter les envieux, les traîtres, les flatteurs, les inconstants, les menteurs, les orgueilleux, les avares, les intéressés, les rapporteurs et les gens à double intention ? Aurais-je l'indiscrétion de me vanter de ce que j'aurais fait, et de ce que je n'aurais pas fait ? Aurais-je la bassesse de ramper comme une couleuvre aux pieds d'un seigneur, qui se fait nier par ses valets ? Et comment pourrais-je ne me pas rebuter de ses refus ? Non, mon cher frère, je ne saurais être Français ; j'aime bien mieux être ce que je suis, que de passer ma vie dans ces chaînes. Est-il possible que notre liberté ne t'enchante pas ! Peut-on vivre d'une manière plus aisée que la nôtre ? Quand tu viens pour me voir dans ma cabane, ma femme et mes filles ne te laissent-elles pas seul avec moi, pour ne pas interrompre nos conversations ? De même, quand tu viens voir ma femme ou mes filles, ne te laisse-t-on pas seul avec celle des deux que tu viens visiter ? N'es-tu pas le maître en quelque cabane du village où tu puisses aller, de demander à manger de tout ce que tu sais y avoir de meilleur ? Y a-t-il des Hurons qui aient jamais refusé à quelque autre sa chasse, ou sa pêche, ou toute ou en partie ? Ne cotisons-nous pas entre toute la nation les castors de nos chasses, pour suppléer à ceux qui n'en ont pu prendre suffisamment pour acheter les marchandises dont ils ont besoin ? N'en usons-nous pas de même de nos blés d'Inde, envers ceux dont les champs n'ont su rapporter des moissons suffisantes pour la nourriture de leurs familles ? Si quelqu'un d'entre nous veut faire un canot, ou une nouvelle cabane, chacun n'envoie-t-il pas ses esclaves pour y travailler, sans en être prié ? Cette vie-là est bien différente de celle des Européens, qui feraient un procès pour un bœuf ou pour un cheval à leurs plus proches parents. Si un fils demande à son père, ou le père à son fils, de l'argent, il dit qu'il n'en a point ; si deux Français qui se connaissent depuis vingt ans, qui boivent et mangent tous les jours ensemble, s'en demandent aussi l'un à l'autre, ils disent qu'ils n'en ont point. Si de pauvres misérables, qui vont tous nus, décharnés, dans les rues, mourant de faim et de misère, mendient une obole à des riches, ils leur répondent qu'ils n'en ont point. Après cela, comment avez-vous la présomption de prétendre avoir un libre accès dans le pays du grand Esprit ? Y a-t-il un seul homme au monde qui ne connaisse que le mal est contre nature, et qu'il n'a pas été créé pour le faire ? Quelle espérance peut avoir un chrétien à sa mort, qui n'a jamais fait de bien en sa vie ? Il faudrait qu'il crût que l'âme meurt avec le corps. Mais je ne crois pas qu'il se trouve des gens de cette opinion. Or si elle est immortelle, comme vous le croyez, et que vous ne vous trompiez pas dans l'opinion que vous avez de l'enfer et des péchés qui conduisent ceux qui les commettent en ce pays-là, vos âmes ne se chaufferont pas mal.

Lahontan. – Ecoute, Adario, je crois qu'il est inutile que nous raisonnions davantage ; je vois que tes raisons n'ont rien de solide ; je t'ai dit cent fois que l'exemple de quelques méchantes gens ne concluait rien ; tu t'imagines qu'il n'y a point d'Européen qui n'ait quelque vice particulier caché ou connu ; j'aurais beau te prêcher le contraire d'ici à demain, ce serait en vain ; car tu ne mets aucune différence de l'homme d'honneur au scélérat. J'aurais beau te parler dix ans de suite, tu ne démordrais jamais de la mauvaise opinion que tu t'es formée, et des faux préjugés touchant notre religion, nos lois, et nos manières. Je voudrais qu'il m'eût coûté cent castors que tu susses aussi bien lire et écrire qu'un Français ; je suis persuadé que tu n'insisterais plus à mépriser si vilainement l'heureuse condition des Européens. Nous avons vu en France des Chinois et des Siamois qui sont des gens du bout du monde, qui sont en toutes choses plus opposés à nos manières que les Hurons ; et qui cependant ne se pouvaient lasser d'y admirer notre manière de vivre. Pour moi, je t'avoue que je ne conçois rien à ton obstination.

Adario. – Tous ces gens-là ont l'esprit aussi mal tourné que le corps. J'ai vu certains ambassadeurs de ces nations dont tu parles. Les Jésuites de Paris me racontèrent quelque histoire de leur pays. Ils ont le *tien* et le *mien* entre eux, comme les Français ; ils connaissent l'argent aussi bien que les Français ; et comme ils sont plus brutaux et plus intéressés que les Français, il ne faut pas trouver étrange qu'ils aient approuvé les manières des gens qui les traitant avec toute sorte d'amitié, leur faisaient encore des présents à l'envi les uns des autres. Ce n'est pas sur ces gens-là que les Hurons se régleront. Tu ne dois pas t'offenser de tout ce que je t'ai prouvé ; je ne méprise point les Européens, en leur présence ; je me contente de les plaindre. Tu as raison de dire que je ne fais point de différence de ce que nous appelons homme d'honneur à un brigand. J'ai bien peu d'esprit, mais il y a assez de temps que je traite avec des Français, pour savoir ce qu'ils entendent par ce mot d'homme d'honneur. Ce n'est pas pour le moins un Huron ; car un Huron ne connaît point l'argent, et sans argent on n'est pas homme d'honneur parmi vous. Il ne me serait pas difficile de faire un homme d'honneur de mon esclave ; je n'ai qu'à le mener à Paris, et lui fournir cent paquets de castors pour la dépense d'un carrosse, et de dix ou douze valets ; il n'aura pas plutôt un habit doré avec tout ce train, qu'un chacun le saluera, qu'on l'introduira dans les meilleures tables, et dans les plus célèbres compagnies. Il n'aura qu'à donner des repas aux gentilshommes, des présents aux dames, il passera partout pour un homme d'esprit, de mérite, et de capacité ; on dira que c'est le roi des Hurons ; on publiera partout que son pays est couvert de mines d'or, que c'est le plus puissant prince de l'Amérique ; qu'il est savant ; qu'il dit les plus agréables choses du monde en conversation ; qu'il est redouté de tous ses voisins ; enfin ce sera un homme d'honneur, tel que la plupart des laquais le deviennent en France, après qu'ils ont su trouver le moyen d'attraper assez de richesse pour paraître en ce pompeux équipage, par mille voies infâmes et détestables. Ah ! mon cher frère, si je savais lire, je découvrirais de belles choses que je ne sais pas, et tu n'en serais pas quitte pour les défauts que j'ai remarqués parmi les Européens ; j'en apprendrais bien d'autres, en gros et en détail, alors je crois qu'il n'y a point d'état ou de vocation sur lesquels je ne trouvasse bien à mordre. Je crois qu'il vaudrait bien mieux pour les Français qu'ils ne sussent ni lire ni écrire ; je vois tous les jours mille disputes ici entre les coureurs de bois pour les écrits, lesquels n'apportent que des chicanes et des procès. Il ne faut qu'un morceau de papier, pour ruiner une famille ; avec une lettre la femme trahit son mari, et trouve le moyen de faire ce qu'elle veut ; la mère vend sa fille ; les faussaires trompent qui ils veulent. On écrit tous les jours dans des livres des menteries, et des impertinences horribles ; et puis tu voudrais que je susse lire et écrire, comme les Français ? Non, mon frère, j'aime mieux vivre sans le savoir, que de lire et d'écrire des choses que les Hurons ont en horreur. Nous avons assez de nos *hiéroglyphes* pour ce qui regarde la chasse et la guerre ; tu sais bien que les caractères que nous faisons autour d'un arbre pelé, en certains passages, comprennent tout le succès d'une chasse, ou d'un parti de guerre ; que tous ceux qui voient ces marques les entendent. Que faut-il davantage ? La communauté de biens des Hurons n'a que faire d'écriture, il n'y a ni poste, ni chevaux dans nos forêts pour envoyer des courriers à Québec ; nous faisons la paix et la guerre sans écrit, seulement par des ambassadeurs qui portent la parole de la nation. Nos limites sont réglées aussi sans écrits. A l'égard des sciences que vous connaissez, elles nous seraient inutiles ; car pour la *géographie*, nous ne voulons pas nous embarrasser l'esprit en lisant des livres de voyages qui se contredisent tous, et nous ne sommes pas gens à quitter notre pays dont nous connaissons, comme tu sais, jusqu'au moindre petit ruisseau, à quatre cents lieues à la ronde. L'*astronomie* ne nous est pas plus avantageuse, car nous comptons les années par lunes, et nous disons *j'ai tant d'hivers* pour dire tant d'années. La *navigation* encore moins, car nous n'avons point de vaisseaux. Les *fortifications* non plus ; un fort de simples palissades nous garantit des flèches et des surprises de nos ennemis, à qui l'artillerie est inconnue. En un mot, vivant comme nous vivons, l'écriture ne nous servirait de rien. Ce que je trouve de beau, c'est l'*arithmétique* ; il faut que je t'avoue que cette science me plaît infiniment, quoique pourtant ceux qui la savent ne laissent pas de faire de grandes tromperies ; aussi je n'aime de toutes les vocations des Français que le commerce, car je le regarde comme la plus légitime, et qui nous est la plus nécessaire. Les marchands nous font plaisir ; quelques-uns nous portent quelquefois de bonnes marchandises, il y en a tant de bons et d'équitables, qui se contentent de faire un petit gain. Ils risquent beaucoup ; ils avancent, ils prêtent, ils attendent ; enfin je connais bien des négociants qui ont l'âme juste et raisonnable, et à qui notre nation est très redevable ; d'autres pareillement qui n'ont pour but que de gagner excessivement sur des marchandises de belle apparence, et de peu de rapport, comme sur les haches, les chaudières, la poudre, les fusils, etc., que nous n'avons pas le talent de connaître. Cela te fait voir qu'en tous les états des Européens, il y a quelque chose à redire ; il est très constant que si le marchand n'a pas le cœur droit, et s'il n'a pas assez de vertu pour résister aux tentations diverses auxquelles le négoce l'expose, il viole à tout moment les lois de la justice, de l'équité, de la charité, de la sincérité, et de la bonne foi. Ceux-là sont méchants quand ils nous donnent de mauvaises marchandises, en échange de nos castors, qui sont des peaux où les aveugles mêmes ne sauraient se tromper en les maniant. C'est assez, mon cher frère, je me retire au village où je t'attendrai demain après-midi.

[DE LA MÉDECINE.]

Lahontan. – Je viens, Adario, dans ta cabane, pour y visiter ton grand-père qu'on m'a dit être à l'extrémité. Il est à craindre que ce bon vieillard ne soit longtemps incommodé de la douleur dont il se plaint. Il me semble qu'un homme comme lui de soixante et dix ans pourrait bien s'empêcher d'aller[19] encore à la chasse des tourterelles. J'ai remarqué depuis longtemps que vos vieilles gens sont toujours en mouvement et en action ; c'est le moyen d'épuiser bien vite le peu de forces qu'il leur reste. Ecoute, il faut envoyer un des esclaves chez mon chirurgien, qui entend assez bien la médecine, et je suis assuré qu'il le soulagera dans le moment ; sa fièvre est si peu de chose qu'il n'y a pas lieu d'appréhender pour sa vie, à moins qu'elle n'augmente.

Adario. – Tu sais bien, mon cher frère, que je suis l'ennemi capital de vos médecins, depuis que j'ai vu mourir entre leurs mains dix ou douze personnes, par la tyrannie de leurs remèdes. Mon grand-père que tu prends pour un homme de soixante et dix ans en a quatre-vingt-dix-huit ; il s'est marié à trente ans. Mon père en a cinquante-deux ; et j'en ai trente-cinq ; il est vrai qu'il est d'un bon tempérament et qu'on ne lui donnerait pas cet âge-là en Europe, où les gens finissent de meilleure heure. Je te ferai voir quatorze ou quinze vieillards, un de ces jours, qui passent cent années, tu en as vu un qui en a cent vingt et quatre, et il en est mort un autre, il y a six ans, qui en avait près de cent quarante. A l'égard de l'agitation que tu condamnes dans ces vieilles gens, je puis t'assurer qu'au contraire, s'ils demeuraient couchés sur leurs nattes, dans la cabane, et qu'ils ne fissent que boire, manger et dormir, ils deviendraient lourds, pesants, et incapables d'agir ; et ce repos continuel empêchant la transpiration insensible, les humeurs, qui pour lors cesseraient de transpirer, se remêleraient avec leur sang usé ; de là surviendrait que par des effets naturels leurs jambes et leurs reins s'affaibliraient et se décherraient à tel point qu'ils mourraient de phtisie. C'est ce que nous avons observé depuis longtemps, chez toutes les nations du Canada. Les *jongleurs* doivent venir tout à l'heure pour le *jongler*, et savoir quelle viande ou poisson sa maladie requiert pour sa guérison. Voilà mes esclaves prêts pour aller à la chasse, ou à la pêche. Si tu veux bien t'entretenir un couple d'heures avec moi, tu verras les singeries de ces charlatans, que (quoique nous les connaissions pour tels lorsque nous sommes en santé) nous sommes ravis et consolés de les voir quand nous avons quelque maladie dangereuse.

Lahontan. – C'est qu'alors, mon cher Adario, notre esprit est aussi malade que notre corps ; il en est de même de nos médecins, tel les déteste, et les fuit, quand il se porte bien, qui, malgré la connaissance de leur art incertain, ne laisse pas d'en convoquer une douzaine ; et d'autres, qui sans avoir d'autre mal que celui qu'ils s'imaginent avoir, détruisent leur corps par des remèdes auxquels la force de vingt chevaux succomberait. J'avoue que parmi vous autres on ne voit point de ces fous-là ; mais, en récompense, vous ménagez bien peu votre santé ; car vous courez à la chasse depuis le matin jusqu'au soir tout nus ; et vous dansez trois ou quatre heures de suite jusqu'à la sueur ; et les jeux de la balle que vous disputez entre six ou sept cents personnes, pour la pousser une demi-lieue de terrain deçà ou delà, fatiguent extrêmement vos corps : ils en affaiblissent les parties ; ils dissipent les esprits[20] ; ils aigrissent la masse du sang et des humeurs, et troublent la liaison de leurs principes. Ainsi, tel homme, parmi vous, qui aurait vécu plus de cent ans, est mort à quatre-vingts.

Adario. – Quand même ce que tu dis serait vrai, qu'importe-t-il à l'homme de vivre si longtemps ; puisque au dessus de quatre-vingts la vie est une mort ? Tes raisons sont, peut-être, justes à l'égard des Français, qui généralement paresseux détestent tout exercice violent ; ils sont de la nature de nos vieillards, qui vivent dans une si molle indolence, qu'ils ne sortent de leurs cabanes que lorsque le feu s'y met. Nos tempéraments et nos complexions sont aussi différentes des vôtres que la nuit du jour. Et cette grande différence que je remarque généralement en toutes choses entre les Européens et les peuples du Canada, me persuaderait quasi que nous ne descendons pas de votre Adam prétendu. Déjà parmi nous on ne voit quasi jamais ni bossus, ni boiteux, ni nains, ni sourds, ni muets, ni aveugles de naissance, encore moins de borgnes ; et quand ces derniers viennent au monde c'est un présage assuré de malheur à la nation, comme nous l'avons souvent observé. Tout borgne n'eut jamais d'esprit, ni de droiture de cœur. Au reste, malicieux, paillard, et paresseux au dernier point ; plus poltron que le lièvre ; n'allant jamais à la chasse, de crainte de crever son œil unique à quelque branche d'arbre. A l'égard des maladies, nous ne voyons jamais d'hydropiques, d'asthmatiques, de paralytiques, de goutteux ni de vérolés, nous n'avons ni lèpre, ni dartres, ni tumeurs, ni rétentions d'urines, ni pierres, ni gravelles, au grand étonnement des Français, qui sont si sujets à ces maux-là. Les fièvres règnent parmi nous, surtout au retour de quelque voyage de guerre, pour avoir couché au serein, traversé des marais et des rivières à gué, jeûné deux ou trois jours, mangé froid, etc. Quelquefois les pleurésies nous font mourir, parce qu'étant échauffés à courir à la guerre, ou à la chasse, nous buvons des eaux dont nous ne connaissons point la qualité ; les coliques nous attaquent aussi de temps en temps, par la même cause. Nous sommes sujets à la rougeole et à la petite vérole, soit parce que nous mangeons tant de poisson, que le sang qu'il produit diffère de celui des viandes, bout dans ses vaisseaux avec plus d'activité, et se déféquant de ses parties épaisses et grossières, il les pousse vers les pores insensibles de la peau ; ou parce que le mauvais air, qui est renfermé dans nos villages, n'ayant point de fenêtres à nos cabanes, il se fait tant de feux et de fumée, que le peu de proportion que les parties de cet air renfermé ont avec celles du sang et des humeurs, nous causent ces infirmités. Voilà les seules que nous connaissions.

Lahontan. – Voilà, mon cher Adario, la première fois que tu as raisonné juste, depuis le temps que nous nous entretenons ensemble. Je conviens que vous êtes exempts d'une infinité de maux dont nous sommes accablés ; c'est par la raison que tu me dis l'autre jour, que pour se bien porter, il faut que l'esprit se repose. Les Hurons étant bornés à la simple connaissance de la chasse, ne fatiguent pas leur esprit et leur santé à la recherche de mille belles sciences, par les veilles, par la perte du sommeil, par les sueurs. Un homme de guerre s'attache à lire et à apprendre l'histoire des guerres du monde, l'art de fortifier, d'attaquer, et défendre des places ; il y emploie tout son temps, encore n'en trouve-t-il pas de reste, durant sa vie, pour se rendre tel qu'il doit être ; l'homme d'église s'emploie nuit et jour à l'étude de la théologie, pour le bien de la religion ; il écrit des livres qui instruisent le peuple des affaires du salut, et donnant les heures, les jours, les mois et les années de sa vie à Dieu, il en reçoit des éternités de récompense après sa mort. Les juges s'appliquent à connaître les lois ; ils passent les jours et les nuits à l'examen des procès, ils donnent des audiences continuelles à mille plaideurs, qui les accablent incessamment, et à peine ont-ils le loisir de boire et de manger. Les médecins étudient la science de rendre les hommes immortels ; ils vont et viennent de malade en malade, d'hôpital en hôpital, pour examiner la nature et la cause des différentes maladies ; ils s'attachent à connaître la qualité des drogues, des herbes, des simples, par mille expériences rares et curieuses. Les cosmographes et les astronomes se donnent entièrement au soin de découvrir la figure, la grandeur, la composition du ciel et de la terre ; les uns connaissent jusqu'à la moindre étoile du firmament, leurs cours, leur éloignement, leurs ascensions et leurs déclinaisons ; les autres savent faire la différence des climats, et de la position du globe de la terre ; ils connaissent les mers, les lacs, les rivières, les îles, les golfes, les distances d'un pays à l'autre, toutes les nations du monde leur sont connues, aussi bien que leurs religions, leurs lois, leurs langues, leurs mœurs, et leur gouvernement. Enfin, tous les autres savants qui s'attachent avec trop d'application à la connaissance des sciences qu'ils recherchent, ruinent entièrement leur santé. Car il ne se fait au cerveau d'esprits animaux qu'autant que le cœur lui fournit de matière, par cette subtile portion de sang qui lui est portée par les artères ; et le cœur, qui est un muscle, ne peut lancer le sang à tout le corps que par le moyen des esprits animaux ; or quand l'âme est tranquille (telle qu'est la tienne) il en communique à toutes les parties, autant qu'elles en ont besoin pour faire les actions auxquelles la nature les a destinées ; au lieu que, dans la profonde application des sciences, étant agitée d'une foule de pensées, elle dissipe beaucoup de ces esprits, et dans les longues veilles et dans la gêne de l'imagination. Ainsi tout ce que le cerveau en peut former suffit à peine aux parties qui servent aux desseins de l'âme pour faire les mouvements précipités qu'elle leur demande ; et ne coulant que fort peu de ces esprits dans les nerfs qui les portent aux parties qui servent à nous faire digérer ce que nous mangeons, leurs fibres ne peuvent être mues que très faiblement ; ce qui est cause que les actions se font mal, que la coction est imparfaite, que les sérosités se séparant du sang et s'épanchant sur la tête, sur le corps, sur les nerfs, sur la poitrine, et ailleurs, causent la goutte, l'hydropisie, la paralysie, et les autres maladies, que tu viens de nommer.

Adario. – A ce compte-là, mon cher frère, il n'y aurait que les savants qui en seraient attaqués. Sur ce pied-là tu conviendras qu'il vaudrait mieux être Huron, puisque la santé est le plus précieux de tous les biens. Je sais pourtant que ces maladies n'épargnent personne, et qu'elles se jettent aussi bien sur les ignorants, que sur les autres. Ce n'est pas que je nie ce que tu dis ; car je vois bien que les travaux de l'esprit affaiblissent extrêmement le corps, et même je m'étonne, cent fois le jour, que votre complexion soit assez forte, pour résister aux violentes secousses que le chagrin vous donne, lorsque vos affaires ne vont pas bien. J'ai vu des Français qui s'arrachaient les cheveux, d'autres qui pleuraient et criaient comme des femmes qu'on brûlerait ; d'autres qui ont passé deux jours, sans boire ni manger, dans une si grande colère qu'ils rompaient tout ce qu'ils trouvaient sous la main. Cependant la santé de ces gens-là n'en paraissait pas altérée. Il faut qu'ils soient d'une autre nature que nous ; car il n'y a pas de Huron qui ne crevât le lendemain, s'il avait la centième partie de ces transports. Oui vraiment il faut que vous soyez d'une autre nature que nous ; car vos vins, vos eaux-de-vie, et vos épiceries nous rendent malades à mourir : au lieu que sans ces drogues vous ne sauriez presque vivre en santé. D'ailleurs, votre sang est salé, et le nôtre ne l'est pas. Vous êtes barbus, et nous ne le sommes pas. Voici que j'ai encore observé. C'est que jusqu'à l'âge de trente-cinq ou quarante ans, vous êtes plus forts et plus robustes que nous. Car nous ne saurions porter des fardeaux si pesants que vous faites, jusqu'à cet âge-là ; mais ensuite les forces diminuent chez vous, en déclinant à vue d'œil ; au lieu que les nôtres se conservent jusqu'à cinquante-cinq ou soixante ans. C'est une vérité dont nos filles peuvent rendre un fidèle témoignage. Elles disent que si un jeune Français les embrasse six fois la nuit, un jeune Huron n'en fait que la moitié ; mais aussi elles avouent que les Français sont plus vieux en ce commerce à l'âge de trente-cinq ans, que nos Hurons à l'âge de cinquante. Cet aveu de nos belles filles (à qui l'excès de vos jeunes gens plaît beaucoup plus que la modération des nôtres) m'a conduit à cette réflexion, qui est que cette goutte, cette hydropisie, phtisie, paralysie, pierre, gravelle et ces autres maladies dont nous avons parlé, proviennent, sans doute, non seulement de ces plaisirs immodérés, mais encore du temps et de la manière dont vous les prenez. Car au sortir du repas, et à l'issue d'une corvée de fatigue, vous embrassez vos femmes, autant que vous pouvez, sur des chaises, ou debout, sans considérer le dommage qui en résulte : témoins ces jeunes gaillards, qui font servir leur table de lit, au village de Dossenra. Vous êtes encore sujets à deux maladies que nous ne connaissons pas ; l'une que les Illinois appellent *mal chaud*, dont ils sont attaqués, aussi bien que les peuples du *Mississipi*, laquelle maladie passe chez vous pour le mal des femmes ; et l'autre que vous appelez *scorbut* et que nous appelons le *mal froid*, par les symptômes et les causes de ces maladies, que nous avons observés depuis que les Français sont en Canada. Voilà bien des maladies qui règnent parmi vous autres, et dont vous avez bien de la peine à guérir. Vos médecins vous tuent, au lieu de vous redonner la santé, parce qu'ils vous donnent des remèdes qui, pour leur intérêt, entretiennent longtemps vos maladies, et vous tuent à la fin. Un médecin serait toujours gueux s'il guérissait ses malades en peu de temps. Ces gens-là n'ont garde d'approuver notre manière de suer, ils en connaissent trop bien la conséquence ; et quand on leur en parle, voici ce qu'ils disent : *Il n'y a que des fous capables d'imiter les fous ; les sauvages ne sont pas appelés sauvages pour rien ; leurs remèdes ne sont pas moins sauvages qu'eux ; s'il est vrai qu'ils suent, et se jettent ensuite dans l'eau froide ou dans la neige, sans crever sur-le-champ, c'est à cause de l'air, du climat, et des aliments de ces peuples, qui sont différents des nôtres : mais cela n'empêche pas que tel Sauvage est mort à quatre-vingts ans qui en aurait vécu cent s'il n'avait pas usé de ce remède épouvantable.* Voilà ce que disent vos médecins, pour empêcher que vos peuples d'Europe se trouvent en état de se passer de leurs remèdes. Or, il est constant que si de temps en temps vous vouliez suer de cette manière, vous vous porteriez le mieux du monde, et tout ce que le vin, les épiceries, les excès de femmes, de veilles, et de fatigues pourraient engendrer de mauvaises humeurs dans le sang, sortirait par les pores de la chair. Alors, adieu la médecine et tous ses poisons. Or, ce que je te dis, mon cher frère, est plus clair que le jour ; ce raisonnement n'est pas pour les ignorants. Car ils ne parleraient que de pleurésies et de rhumatismes à l'issue de ce remède. C'est une chose étrange qu'on ne veuille pas écouter la réponse que nous faisons à l'objection que vos médecins nous font sur cette manière de suer. Il est constant, mon cher frère, que la Nature est une bonne mère, qui voudrait que nous vécussions éternellement. Cependant nous la tourmentons si violemment qu'elle se trouve quelquefois tellement affaiblie, qu'à peine a-t-elle la force de nous secourir. Nos débauches et nos fatigues engendrent de mauvaises humeurs, qu'elle voudrait pouvoir chasser de nos corps, s'il lui restait assez de vigueur pour en ouvrir les portes, qui sont les pores de la chair. Il est vrai qu'elle en chasse autant qu'elle peut par les urines, par les selles, par la bouche, par le nez, et par la transpiration insensible ; mais la quantité des sérosités est quelquefois si grande, qu'elles se répandent sur toutes les parties du corps, entre cuir et chair. Alors il s'agit de les faire sortir au plus vite, de peur que leur trop long séjour ne cause cette goutte, rhumatisme, hydropisie, paralysie, et toutes les autres maladies qui peuvent altérer la santé de l'homme. Pour cet effet, il faut donc ouvrir ces pores par le moyen de la sueur ; mais il faut ensuite les fermer afin que le suc nourricier ne sorte pas en même temps par le même chemin ouvert. Ce qu'on ne saurait empêcher à moins qu'on ne se jette dans l'eau froide, comme nous faisons. Il en est de même que si des loups étaient entrés dans vos bergeries ; alors vous ouvririez vite les portes, afin que ces méchants animaux en sortissent ; mais ensuite vous ne manqueriez pas de les fermer, afin que vos moutons ne les suivissent pas. Vos médecins auraient raison de dire qu'un homme qui s'échaufferait à la chasse ou à quelque exercice violent, et se jetterait ensuite dans l'eau froide, se risquerait extrêmement à perdre la vie. C'est un fait incontestable, car le sang étant agité et bouillant, pour ainsi dire, dans les veines, il ne manquerait pas de se congeler ; de la même manière que l'eau bouillante se congèle plus facilement que l'eau froide, lorsqu'on l'expose à la gelée, ou qu'on la jette dans une fontaine bien froide. C'est tout ce que je puis penser sur cette affaire. Au reste, nous avons des maladies qui sont également ordinaires aux Français. Ce sont la petite vérole, les fièvres, pleurésies et même nous voyons assez souvent parmi nous une espèce de malades que vous appelez *hypocondriaques*. Ces fous s'imaginent qu'un petit *manitou* gros comme le poing, et que nous appelons *Aoutaerobi*, en notre langue, les possède, et qu'il est dans leur corps, surtout dans quelque membre qui leur fait tant soit peu de mal. Ceci provient de la faiblesse d'esprit de ces gens-là, car enfin, il y a des ignorants et des fous parmi nous, comme parmi vous autres. Nous voyons tous les jours des Hurons de cinquante ans, qui ont moins d'esprit et de discernement que des jeunes filles. Il y en a de superstitieux, comme parmi vous autres. Car ils croient premièrement que l'esprit des songes est l'ambassadeur et le messager, dont le grand Esprit se sert pour avertir les hommes de ce qu'ils doivent faire. A l'égard de nos *jongleurs*, ce sont des charlatans et des imposteurs, comme vos médecins ; avec cette différence qu'ils se contentent de faire bonne chère aux dépens des malades, sans les envoyer dans l'autre monde, en reconnaissance de leurs festins et de leurs présents.

Lahontan. – Ah ! pour le coup, mon intime Adario, je t'honore au-delà de tout ce que je pourrais t'exprimer ; car tu raisonnes comme il faut. Jamais tu n'as mieux parlé. Tout ce que tu dis des sueurs est effectivement vrai. Je le connais par expérience tellement bien, que de ma vie je n'userai d'autre remède que de celui-là. Mais je ne saurais souffrir pourtant que tu te récries si fort contre la saignée ; car il me souvient que tu me dis, il y a quinze jours, cent raisons sur la nécessité de conserver notre sang, puisqu'il est le trésor de la vie. Je ne te contredirai pas tout à fait sur cela, mais je te dirai pourtant que vos remèdes contre les pleurésies et les fluxions ne réussissent quelquefois que par hasard, puisque de vingt malades, il en meurt quinze ; au lieu que la saignée ne manque jamais alors de les guérir. J'avoue qu'en les guérissant par cette voie-là, on abrège leurs jours ; et que tel homme qui a été plus ou moins saigné, aurait vécu plus ou moins d'années qu'il n'a fait. Mais enfin, on ne considère pas toutes ces choses quand on est malade, on ne songe qu'à guérir, à quelque prix que ce soit, et chacun recherche la santé aux dépens de quelques années de vie de plus ou de moins, qu'on perd avec la perte de son sang. Enfin, tout ce que je puis remarquer, c'est que les peuples de Canada sont d'une meilleure complexion que ceux de l'Europe, plus infatigables, et plus robustes ; accoutumés aux fatigues, aux veilles et aux jeûnes, et plus insensibles au froid et à la chaleur. De sorte qu'étant exempts des passions qui tourmentent nos âmes, ils sont en même temps à couvert des infirmités dont nous sommes accablés. Vous êtes gueux et misérables, mais vous jouissez d'une santé parfaite ; au lieu qu'avec nos aises et nos commodités, il faut que nous soyons, ou par complaisance, ou par occasion, réduits à nous tuer nous-mêmes, par une infinité de débauches, auxquelles vous n'êtes jamais exposés.

[DU MARIAGE.]

Adario. – Mon frère, je viens te visiter avec ma fille, qui va se marier, malgré moi, avec un jeune homme qui est aussi bon guerrier, que mauvais chasseur. Elle le veut, cela suffit parmi nous, mais il n'en est pas ainsi parmi vous. Car il faut que les pères et les mères consentent au mariage de leurs enfants.

Or il faut que je veuille ce que ma fille veut aujourd'hui. Car si je prétendais lui donner un autre mari, elle me dirait aussitôt : *Père, à quoi penses-tu ? suis-je ton esclave ? ne dois-je pas jouir de ma liberté ? Dois-je me marier pour toi ? Epouserai-je un homme qui me déplaît, pour te satisfaire ? Comment pourrai-je souffrir un époux qui achète mon corps à mon père, et comment pourrai-je estimer un père qui vend sa fille à un brutal ? Est-ce qu'il me sera possible d'aimer les enfants d'un homme que je n'aime pas ? Si je me marie avec lui, pour t'obéir, et que je le quitte au bout de quinze jours, suivant le privilège et la liberté naturelle de la nation, tu diras que* cela va mal *; cela te déplaira ; tout le monde en rira, et peut-être, je serai grosse.* Voilà, mon cher frère, ce que ma fille aurait sujet de me répondre ; et peut-être encore pis, comme il arriva il y a quelques années à un de nos vieillards, qui prétendait que sa fille se mariât avec un homme qu'elle n'aimait pas.

Car elle lui dit, en ma présence, mille choses plus dures, en lui reprochant qu'un homme d'esprit ne devait jamais s'exposer à donner des conseils aux personnes dont il pourrait en recevoir, ni exiger de ses enfants des obéissances qu'il connaît impossibles. Enfin, elle ajouta à tout cela, qu'il était vrai qu'elle était sa fille, mais qu'il devait se contenter d'avoir eu le plaisir de la faire, avec une femme qu'il aimait autant que cette fille haïssait le mari que son père prétendait lui donner. Il faut que tu saches que nous ne faisons jamais de mariage entre parents, quelque éloigné que puisse être le degré de parentage ; que nos femmes ne se remarient plus dès qu'elles ont atteint l'âge de quarante ans, parce que les enfants qu'elles font au-dessus de cet âge-là sont de mauvaise constitution. Cependant, ce n'est pas dire qu'elles gardent la continence ; au contraire, elles sont beaucoup plus passionnées à cet âge qu'à vingt ans ; ce qui fait qu'elles écoutent si favorablement les Français, et que même elles se donnent le soin de les rechercher. Tu sais bien que nos femmes ne sont pas si fécondes que les Françaises, quoiqu'elles se lassent moins qu'elles d'être embrassées ; cela me surprend, car il arrive en cela tout le contraire de ce qui devrait arriver.

Lahontan. – C'est par la même raison que tu viens de dire, mon pauvre Adario, qu'elles ne conçoivent pas si facilement que nos femmes. Si elles ne prenaient pas si fréquemment les plaisirs de l'amour, ni avec tant d'avidité, elles donneraient le temps à la matière convenable à la production des enfants, de se rendre telle qu'il faut qu'elle soit pour engendrer.

Il en est de même d'un champ, dans lequel on sèmerait sans cesse du blé d'Inde, sans le laisser jamais en friche ; car il arriverait qu'à la fin il ne produirait plus rien (comme l'expérience te l'a, sans doute, fait voir), au lieu qu'en laissant reposer ce champ, la terre reprend ses forces, l'air, le serein, les pluies, et le soleil lui redonnent un nouveau suc, qui fait germer le grain qu'on y sème. Or, écoute un peu, mon cher, ce que je te veux dire. Pourquoi est-ce que les femmes sauvages étant si peu fécondes, ont si peu l'accroissement de leur nation en vue, qu'une fille se fait avorter, lorsque le père de son enfant vient à mourir ou à être tué, avant que sa grossesse soit reconnue ? Tu me répondras que c'est pour conserver sa réputation, parce qu'ensuite elle ne trouverait plus de mari. Mais il me semble que l'intérêt de la nation, laquelle devrait se multiplier, n'est guère en recommandation dans l'esprit de vos femmes. Il n'en est pas ainsi des nôtres ; car, tu me le disais l'autre jour, nos coureurs de bois, et bien d'autres, trouvent assez souvent de nouveaux enfants dans leurs maisons, au retour de leurs voyages. Cependant ils s'en consolent, car ce sont des corps pour la nation, et des âmes pour le ciel. Après cela ces femmes sont autant déshonorées que les vôtres, et quelquefois on les met en prison pour toute leur vie ; au lieu que les vôtres peuvent avoir ensuite autant de galants qu'elles veulent. C'est une très abominable cruauté de détruire son enfant. C'est ce que le Maître de la Vie ne saurait jamais leur pardonner. Ce serait un des principaux abus à réformer parmi vous. Ensuite, il faudrait retrancher la nudité ; car enfin le privilège qu'ont vos garçons d'aller nus, cause un terrible ravage dans le cœur de vos filles ; car n'étant pas de bronze, il ne se peut faire qu'à l'aspect des pièces que je n'oserais nommer, elles n'entrent en rut en certaines occasions, où ces jeunes coquins font voir que la nature n'est ni morte ni ingrate envers eux[21].

Adario. – La raison que tu me donnes de la stérilité de nos femmes est merveilleuse, car je conçois maintenant que cela se peut. Tu condamnes aussi fort à propos le crime de ces filles qui se font avorter avec leurs breuvages. Mais ce que tu dis de la nudité ne s'accorde guère avec le bon sens. Je conviens que les peuples chez qui le *tien* et le *mien* sont introduits, ont grande raison de cacher non seulement leurs parties viriles, mais encore tous les autres membres du corps. Car à quoi serviraient l'or et l'argent des Français s'ils ne les employaient à se parer avec de riches habits, puisque ce n'est que par le vêtement qu'on fait état des gens ? N'est-ce pas un grand avantage pour un Français de pouvoir cacher quelque défaut de nature sous de beaux habits ? Crois-moi, la nudité ne doit choquer uniquement que les gens qui ont la propriété des biens. Un laid homme parmi vous autres, un mal bâti trouve le secret de se rendre beau et bien fait, avec une belle perruque, et des habits dorés, sous lesquels on ne peut distinguer les hanches et les fesses artificielles d'avec les naturelles. Il y aurait encore un grand inconvénient si les Européens allaient nus ; c'est que ceux qui seraient bien armés trouveraient tant de pratique et tant d'argent à gagner, qu'ils ne songeraient à se marier de leur vie, et qu'ils donneraient occasion à une infinité de femmes de violer la foi conjugale. Imagine-toi que ces raisons n'ont aucun lieu parmi nous, où il faut que tout serve, sans exception, tant petits que grands ; les filles qui voient des jeunes gens nus, jugent à l'œil ce qui leur convient. La nature n'a pas mieux gardé ses proportions envers les femmes qu'envers les hommes. Ainsi, chacune peut hardiment juger qu'elle ne sera pas trompée en ce qu'elle attend d'un mari. Nos femmes sont capricieuses, comme les vôtres, ce qui fait que le plus chétif sauvage peut trouver une femme. Car comme tout paraît à découvert, nos filles choisissent quelquefois suivant leur inclination, sans avoir égard à certaines proportions : les unes aiment un homme bien fait, quoiqu'il ait je ne sais quoi de petit en lui ; d'autres aiment un mal bâti pourvu qu'elles y trouvent je ne sais quoi de grand ; et d'autres préfèrent un homme d'esprit et vigoureux, quoiqu'il ne soit ni bien fait, ni bien pourvu de ce que je n'ai pas voulu nommer. Voilà, mon frère, tout ce que je puis te répondre sur le crime de la nudité, qui, comme tu sais, ne doit uniquement être imputé qu'aux garçons ; puisque les gens veufs ou mariés cachent soigneusement le devant et le derrière. Au reste, nos filles sont en récompense plus modestes que les vôtres ; car on ne voit en elles rien de nu que le gras de la jambe, au lieu que les vôtres montrent le sein tellement à découvert que nos jeunes gens ont le nez collé sur le ventre, lorsqu'ils trafiquent leurs castors aux belles marchandes qui sont dans vos villes. Ne serait-ce pas là, mon frère, un abus à réformer parmi les Français ? Car, enfin, ne sais-je pas de bonne part qu'il n'est guère de

Française qui puisse résister à la tentation de l'objet de qui leur sein découvert provoque l'émotion ? Ce serait le moyen de préserver leurs maris du mal chimérique de ces cornes que nous plantons sur leur front, sans les toucher, ni même les voir ; ce qui se fait par un miracle que je ne saurais concevoir. Car, enfin, si je plante un pommier dans un jardin, il ne croît pas sur le sommet d'un rocher ; ainsi vos cornes invisibles ne doivent prendre racine qu'à l'endroit où leur semence est jetée. D'où il s'ensuit qu'elles devraient sortir du front de vos femmes, pour représenter les outils du mari et du galant. Au reste, cette folie de cornes est épouvantable ; car pourquoi chagriner un mari de cette injure, à l'occasion des plaisirs de sa femme ? Or s'il faut épouser les vices d'une femme en l'épousant, le mariage des Français est un sacrement qui ne doit pas être fondé sur la droite raison ; ou bien il faut de nécessité retenir son épouse sous la clé pour éviter ce déshonneur. Il faut que le nombre de ces maris soit bien grand ; car enfin, je ne conçois pas qu'une femme puisse penser à la rigueur de cette chaîne éternelle, sans chercher quelque espèce de soulagement à ses maux, chez quelque bon ami. Je pardonnerais les Français s'ils s'en tenaient à leur mariage sous certaines conditions ; c'est-à-dire, pourvu qu'il en provînt des enfants, et que le mari et la femme eussent toujours une assez bonne santé pour s'acquitter, comme il faut, du devoir du mariage. Voilà tout le règlement qu'on pourrait faire chez des peuples qui ont le *tien* et le *mien*. Or il s'agit encore d'une chose impertinente ; c'est que parmi vous autres chrétiens les hommes se font gloire de débaucher les femmes ;

comme s'il ne devait pas, selon toute sorte de raisons, être aussi criminel aux uns qu'aux autres de succomber à la tentation de l'amour. Vos jeunes gens font tous leurs efforts pour tenter les filles et les femmes. Ils emploient toutes sortes de voies pour y réussir. Ensuite ils le publient, ils le disent partout. Chacun loue le cavalier, et méprise la dame ; au lieu de pardonner la dame, et de châtier le cavalier. Comment prétendez-vous que vos femmes vous soient fidèles, si vous ne l'êtes pas à elles ? Si les maris ont des maîtresses, pourquoi leurs épouses n'auront-elles pas des amants ? Et si ces maris préfèrent les jeux et le vin à la compagnie de leurs femmes, pourquoi ne chercheront-elles pas de la consolation avec quelque ami ? Voulez-vous que vos femmes soient sages, soyez ce que vous appelez *sauvages*, c'est-à-dire soyez *Hurons* ; aimez-les comme vous-mêmes et ne les vendez pas. Car je connais certains maris parmi vous qui consentent aussi lâchement au libertinage de leurs épouses, que des mères à la prostitution de leurs filles. Ces gens-là ne le font que parce que la nécessité les y oblige. Sur ce pied-là c'est un grand bonheur pour les Hurons de n'être pas réduits à faire les bassesses, que la misère inspire aux gens qui ne sont pas accoutumés d'être misérables. Nous ne sommes jamais ni riches, ni pauvres ; et c'est en cela que notre bonheur est au-dessus de toutes vos richesses. Car nous ne sommes pas obligés de vendre nos femmes et nos filles, pour vivre aux dépens de leurs travaux amoureux. Vous dites qu'elles sont sottes. Il est vrai, nous en convenons ; car elles ne savent pas écrire des billets à leurs amis, comme les vôtres ; et quand cela serait, l'esprit des Huronnes n'est pas assez pénétrant pour choisir à la physionomie des vieilles assez fidèles pour porter ces lettres galantes sous un silence éternel. Ah ! maudite écriture ! pernicieuse invention des Européens, qui tremblent à la vue des propres chimères qu'ils se représentent eux-mêmes par l'arrangement de vingt et trois petites figures, plus propres à troubler le repos des hommes qu'à l'entretenir[22]. Les Hurons sont aussi des sots, s'il vous en faut croire, parce qu'ils n'ont point d'égard à la perte du pucelage des filles qu'ils épousent, et qu'ils prennent en mariage des femmes que leurs camarades ont abandonnées. Mais, mon frère, dis-moi, je te prie, les Français en sont-ils plus sages pour s'imaginer qu'une fille est pucelle, parce qu'elle crie, et qu'elle jure de l'être ? Or, supposons qu'elle soit telle qu'il la croit, la conquête en est-elle meilleure ? Non vraiment ; au contraire, le mari est obligé de lui apprendre un exercice qu'elle met ensuite en pratique avec d'autres gens, lorsqu'il n'est pas en état de continuer journellement avec elle. Pour ce qui est des femmes que nous épousons après la séparation de leurs maris, n'est-ce pas la même chose que ce que vous appelez se marier avec des veuves ? Néanmoins avec cette différence que ces femmes ont tout lieu d'être persuadées que nous les aimons, au lieu que la plupart de vos veuves ont tout sujet de croire que vous épousez moins leurs corps que leurs richesses. Combien de désordres n'arrive-t-il pas dans les familles par des mariages comme ceux-là ? Cependant, on n'y remédie pas, parce que le mal est incurable, dès que lien conjugal doit durer autant que la vie. Voici encore une autre peine parmi vous autres, qui ne paraît tout à fait cruelle. Votre mariage est indissoluble ; cependant une fille et un garçon qui s'aiment réciproquement ne peuvent pas se marier ensemble sans le consentement de leurs parents. Il faudra qu'ils se marient l'un et l'autre au gré de leurs pères, et contre leurs désirs, quelque répugnance qu'ils aient, avec des personnes qu'ils haïssent mortellement. L'inégalité d'âge, de bien, et de condition causent[23] tous ces désordres. Ces considérations l'emportent sur l'amour mutuel des deux parties, qui sont d'accord entre elles. Quelle cruauté et quelle tyrannie d'un père envers ses enfants ! Voit-on cela parmi les Hurons ? Ne sont-ils pas aussi nobles, aussi riches les uns que les autres ? Les femmes n'ont-elles pas la même liberté que les hommes, et les enfants ne jouissent-ils pas des mêmes privilèges que leurs pères ? Un jeune Huron n'épousera-t-il pas une esclave de sa mère, sans qu'on soit en droit de l'en empêcher ? Cette esclave n'est-elle pas faite comme une femme libre, et dès qu'elle est belle, qu'elle plaît, ne doit-elle pas être préférable à la fille du grand chef de la nation, qui sera laide ? N'est-ce pas encore une injustice pour les peuples qui détestent la communauté des biens, que les nobles donnent à leur premier fils presque tout leur bien, et que les frères et les sœurs de celui-ci soient obligés de se contenter de très peu de chose ; pendant que cet aîné ne sera peut-être pas légitime, et que tous les autres le seront ? Qu'en arrive-t-il si ce n'est qu'on jette les filles dans des couvents, prisons perpétuelles, par une barbarie qui ne s'accorde guère avec cette charité chrétienne que les Jésuites nous prêchent ? Si ce sont des garçons, ils se trouvent réduits à se faire prêtres, ou moines, pour vivre du beau métier de prier Dieu malgré eux, de prêcher ce qu'ils ne font pas, et de persuader aux autres ce qu'ils ne croient pas eux-mêmes. S'il s'en trouve qui prennent le parti de la guerre, c'est plutôt pour piller la nation, que pour la défendre de ses ennemis. Les Français ne combattent point pour l'intérêt de la nation, comme nous faisons, ce n'est que pour leur propre intérêt et dans la vue d'acquérir des emplois, qu'ils combattent. L'amour de la patrie et de leurs compatriotes y ont[24] moins de part que l'ambition, les richesses, et la vanité. Enfin, mon cher frère, je conclus ce discours en t'assurant que l'amour-propre des chrétiens, est une folie que les Hurons condamneront sans cesse. Or cette folie qui règne en tout parmi vous autres Français, ne se remarque pas moins dans vos amours et dans vos mariages ; lesquels sont aussi bizarres que les gens qui donnent si sottement dans ce panneau.

Lahontan. – Ecoute, Adario, je me souviens de t'avoir dit qu'il ne fallait pas juger des actions des honnêtes gens, par celles des coquins. J'avoue que tu as raison de blâmer certaines actions que nous blâmons aussi. Je conviens que la propriété des biens est la source d'une infinité de passions, dont vous êtes exempts. Mais, si tu regardes toutes choses du bon côté, et surtout nos amours et nos mariages, le bel ordre qui est établi dans nos familles, et l'éducation de nos enfants, tu trouveras une conduite merveilleuse dans toutes nos constitutions. Cette liberté, que les Hurons nous prêchent, cause un désordre épouvantable. Les enfants sont aussi grands maîtres que leurs pères, et les femmes qui doivent être naturellement sujettes à leurs maris, ont autant de pouvoir qu'eux. Les filles se moquent de leurs mères, lorsqu'il s'agit de prêter l'oreille à leurs amants ; en un mot, toute cette liberté se réduit à vivre dans une débauche perpétuelle, et donne à. la nature tout ce qu'elle demande, à l'imitation des bêtes. Les filles des Hurons font consister leur sagesse dans le secret, et dans l'invention de cacher leurs débauches. *Courir la lumète** [25] parmi vous autres, est ce qui s'appelle chez nous, *chercher aventure*. Tous vos jeunes gens courent cette lumète tant que la nuit dure. Les portes des chambres de vos filles sont ouvertes à tous venants ; et s'il se présente un jeune homme qu'elle n'aime pas, elle se couvre la tête de sa couverture ; c'est-à-dire qu'elle n'en est point tentée. S'il en vient un second, peut-être elle lui permettra de s'asseoir sur le pied de son lit, pour parler avec elle, sans passer outre ; c'est-à-dire qu'elle veut ménager ce drôle-là pour avoir plusieurs cordes à son arc. En vient-il un troisième qu'elle veut duper, avec une plus feinte sagesse, elle lui permettra de se coucher auprès d'elle sur les couvertures du lit. Celui-ci est-il parti, le quatrième arrivant trouve le lit et les bras de la fille ouverts à son plaisir, pour deux ou trois heures ; et quoiqu'il n'emploie ce temps-là à rien moins qu'en paroles, on le croit cependant à la bonne foi. Voilà, mon cher Adario, le putanisme de tes Huronnes couvert d'un manteau d'honnête conversation, et d'autant plus

* *Note de l'auteur :* « C'est entrer, pendant la nuit, dans la chambre de sa maîtresse, avec une espèce de chandelle. »

que quelque indiscrétion que puissent avoir les amants envers leurs maîtresses (ce qui n'arrive guère), bien loin de les croire, on les traite de *jaloux*, qui est une injure infâme parmi vous autres. Après tout ce que je viens de dire, il ne faut pas s'étonner, si les Américaines ne veulent point entendre parler d'amour, pendant le jour, sous prétexte que la nuit est faite pour cela. Voilà ce qu'on appelle en France *cacher adroitement son jeu*. S'il y a de la débauche parmi nos filles, au moins il y a cette différence que la règle n'est pas générale, comme parmi les vôtres, et que d'ailleurs elles ne vont pas si brutalement au fait. L'amour des Européennes est charmant, elles sont constantes et fidèles jusqu'à la mort; lorsqu'elles ont la faiblesse d'accorder à leurs amants la dernière faveur, c'est plutôt en vertu de leur mérite intérieur, qu'extérieur, et toujours moins par le désir de se contenter elles-mêmes, que de donner des preuves sensibles d'amour à leurs amants. Ceux-ci sont galants, cherchant à plaire à leurs maîtresses par des manières tout à fait jolies, comme par le respect, par les assiduités, par la complaisance. Ils sont patients, zélés, et toujours prêts à sacrifier leur vie et leurs biens pour elles; ils soupirent longtemps avant que de rien entreprendre. Car ils veulent mériter la dernière faveur par des longs services. On les voit à genoux aux pieds de leurs maîtresses mendier le privilège de leur baiser la main. Et comme le chien suit son maître en veillant, lorsqu'il dort; aussi chez nous un véritable amant ne quitte point sa maîtresse, et il ne ferme les yeux que pour songer à elle, pendant le sommeil. S'il s'en trouve quelqu'un assez fougueux pour embrasser sa maîtresse brusquement à la première occasion, sans avoir égard à sa faiblesse, on l'appelle *sauvage*, parmi nous, c'est-à-dire homme sans quartier, qui commence par où les autres finissent.

Adario. – Ho ho, mon cher frère, les Français ont-ils bien l'esprit d'appeler ces gens-là *sauvages* ? Ma foi, je ne croyais pas que ce mot-là signifiât parmi vous un homme sage et conclusif[26] ; je suis ravi d'apprendre cette nouvelle; ne doutant pas qu'un jour vous n'appeliez *sauvages*, tous les Français qui seront assez sages pour suivre exactement les véritables règles de la justice et de la raison. Je ne m'étonne plus que les rusées Françaises aiment tant les sauvages; elles n'ont pas tout le tort; car, à mon avis, le temps est trop cher pour le perdre, et la jeunesse trop courte pour ne pas profiter des avantages qu'elle nous donne. Si vos filles sont constantes à changer sans cesse d'amants, cela peut avoir quelque rapport à l'humeur des nôtres. Mais, lorsqu'elles se laissent fidèlement caresser par trois ou quatre, en même temps, cela est très différent du génie des Huronnes. Que les amants français passent leur vie à faire les folies que tu viens de dire, pour vaincre leurs maîtresses, c'est-à-dire qu'ils emploient leur temps et leurs biens à l'achat d'un petit plaisir précédé de mille peines et de mille soucis, je ne les en blâmerai pas, puisque j'ai fait la folie de me risquer sur d'impertinents vaisseaux à traverser les mers rudes qui séparent la France de ce continent, pour avoir le plaisir de voir le pays des Français. Ce qui m'oblige à me taire. Mais les gens raisonnables diront que ces sortes d'amants sont aussi fous que moi; avec cette différence que leur amour passe aveuglément d'une maîtresse à l'autre, les exposant à souffrir les mêmes tourments. Au lieu que je ne passerai plus de ma vie de l'Amérique en France.

NOTES

1. La *Suite du Voyage* est précédée d'une Préface qui concerne plutôt les deux volumes parus en 1702. Nous ne la reproduisons pas.

2. C'est le mot de l'Evangile de saint Matthieu, X, 34.

3. Comprendre : aussi énorme et aussi grand qu'on le puisse dépeindre.

4. Sa désobéissance (de l'homme), sa défense (de Dieu).

5. Dans ces conditions-là.

6. Nous dirions *que d'examiner*, mais la tournure employée par Lahontan était courante au XVIIIe siècle.

7. Les coureurs de bois sont les Européens qui partagaient la vie des Indiens et leur achetaient les peaux de castors.

8. C'est le mot de saint Paul, *Epitre aux Romains*, VII,15.

9. Les précautions anti-conceptionnelles sont présentées comme utiles et louables dans les *Mémoires*, éd. originale p.133-134, éd. des *Œuvres complètes*, t. I, p. 672 (mais elles consistent à absorber le jus de certaines plantes abortives).

10. *M'empêcher de croire* signifie *m'embarrasser de croire*, voir p. 98.

11. Ce sont les questions que le vieillard tahitien posera à Bougainville, dans le *Supplément au voyage de Bougainville*, de Diderot.

12. L'expression est bizarre et signifie sans doute : *ne pouvant te raconter* .

13. C'est son propre cas que Lahontan allègue ici ; de même, par la voix encore d'Adario, p. 76, quand il évoque les procès pour lesquels les plaideurs font des voyages de cent lieues.

14. *La même félicité des Hurons* : comprendre, selon une tournure en usage à l'époque de Lahontan : *la même félicité que celle des Hurons.*

15. Cet éloge de l'activité salariée et du luxe sera fait aussi par Voltaire, mais sérieusement (par exemple dans l'article *Luxe*) ; les propos de Lahontan interlocuteur sont ici évidemment condamnés

par Lahontan philosophe, dont Adario est le porte-parole. Les *Dialogues*, en matière de justice sociale, annoncent plutôt Rousseau que Voltaire ou Diderot.

16. Dans *Le Neveu de Rameau*, Diderot étendra la servitude au roi lui-même, qui « prend une position devant sa maîtresse et devant son Dieu », et n'en dispensera que le seul philosophe.

17. Hôpital-prison d'aliénés à Paris.

18. Manifestations d'amitié.

19. *S'empêcher d'aller* : voir *supra*, n. 10.

20. Les esprits animaux, dont le rôle est expliqué p. 103.

21. Encore un détail dont Diderot se souviendra, quand il parlera de la nudité des Tahitiens dans le *Supplément au voyage de Bougainville*.

22. Rousseau condamnera lui aussi l'écriture dans le *Discours sur l'origine de l'inégalité*.

23. Le verbe est au pluriel, en accord avec le sens.

24. Voir *supra*, n. 16.

25. Lahontan écrit ici, comme on faisait de son temps, *la lumète*, et *l'alumète* dans les *Mémoires*, où la cérémonie est évoquée et illustrée par une planche (chapitre « Amours et Mariages des Sauvages »).

26. *Conclusif* : qui sait conclure, qui va droit au but.

Textes du XVIIIe siècle
publiés aux Éditions Desjonquères

— *Le Siège de Calais* de Madame de TENCIN
— *Mémoires du comte de Comminge* de Madame de TENCIN
— *Le Sopha* de CRÉBILLON FILS
— *La Nuit et le Moment* suivi de *Le Hasard du coin du feu* de CRÉBILLON FILS
— *Lettres de la Marquise de M*** au Comte de R**** de CRÉBILLON FILS
— *Les Heureux orphelins* de CRÉBILLON FILS
— *Les Malheurs de l'inconstance* de C.-J. DORAT
— *Lettres de Milady Juliette Catesby* de Madame RICCOBONI
— *Le Masque de fer* de MOUHY
— *Mémoires pour servir à l'histoire des mœurs du XVIIIe siècle* de Charles PINOT-DUCLOS
— *Les Confessions du comte de **** de Charles PINOT-DUCLOS
— *Acajou et Zirphile* de Charles PINOT-DUCLOS
— *Contes immoraux* du prince de LIGNE
— *Amabile* du prince de LIGNE
— *La Poupée* de BIBIENA
— *Des principes et des causes de la Révolution en France* de SÉNAC DE MEILHAN
— *Petit Dictionnaire des grands hommes de la Révolution* de RIVAROL
— *Pensées diverses* de RIVAROL
— *Mémoires* de Jean-Baptiste LOUVET
— *L'Enfant du carnaval* de PIGAULT LEBRUN
— *Lettres à Condorcet* de Julie de LESPINASSE
— *La Dot de Suzette* de Joseph FIÉVÉE
— *Angola, histoire indienne* de Charles de LA MORLIÈRE
— *Pauliska ou la perversité moderne* de RÉVÉRONI SAINT-CYR

— *Correspondance* de Ferdinando GALIANI et Louise D'ÉPINAY (T. I: 1769 - 1770) (T. II: 1771 - février 1772) (T. III: mars 1772 - mai 1773) (T. IV: juin 1773 - mai 1775) (T. V: juin 1775 - juillet 1782)
— *Dialogues de M. Le baron de Lahontan et d'un sauvage dans l'Amérique* de LAHONTAN
— *Mémoires de monsieur le marquis d'Argens* de J.- B. BOYER D'ARGENS
— *Vie privée du maréchal de Richelieu*
— *Treize lettres amoureuses d'une dame à un cavalier* de Edme BOURSAULT
— *Histoire de Rasselas prince d'Abyssinie* de Samuel JOHNSON
— *Rêveries diverses* de FONTENELLE
— *Mémoires et aventures d'un homme de qualité* de Antoine PRÉVOST D'EXILES
— *Point de lendemain* de Vivant DENON
— *De la volupté* de LA METTRIE
— *Correspondance* de Benjamin CONSTANT et Isabelle de CHARRIÈRE
— *Œuvres de jeunesse* de Madame de STAËL
— *Des Lois de l'esprit* de VAUVENARGUES
— *Pygmalions des Lumières*, anthologie par Henri COULET
— *Sylphes et sylphides*, anthologie par Michel DELON
— *Histoire de Clarisse Harlove* de Samuel RICHARDSON

Cet ouvrage a été reproduit et achevé d'imprimer
par l'Imprimerie Floch à Mayenne
en juillet 1999. Dépôt légal : décembre 1992. N° d'impression : 46623.

(Imprimé en France)